AF297025

L∴ LES INSÉPARABLES DU PROGRÈS

(Or∴ de Paris)

ASSOCIATION DÉCLARÉE CONFORMÉMENT A LA LOI

LA FRANC-MAÇONNERIE

AU TONKIN

ET

LES AGISSEMENTS DES MISSIONNAIRES

EN EXTRÊME-ORIENT

PAR H

F. VAN RAVESCHOT

ANCIEN SECRÉTAIRE DE LA MAIRIE D'HANOI

[...] DE SON CHEF [illegible] A LA MAIRIE D'HANOI

MEMBRE [...] DE PARIS [...] LA SOCIÉTÉ DE PRÉHISTOIRE DE PARIS

1906

LA FRANC-MAÇONNERIE

AU TONKIN

ET

LES AGISSEMENTS DES MISSIONNAIRES

EN EXTRÉME-ORIENT

L∴ LES INSÉPARABLES DU PROGRÈS

(Or∴ de Paris)

ASSOCIATION DÉCLARÉE CONFORMÉMENT A LA LOI

LA FRANC-MAÇONNERIE

AU TONKIN

ET

LES AGISSEMENTS DES MISSIONNAIRES

EN EXTRÊME-ORIENT

PAR LE

F∴ VAN RAVESCHOT

ANCIEN SECRÉTAIRE DE LA MAIRIE D'HANOI

T∴ S∴ DU SOUV∴ CHAP∴ Fraternité Tonkinoise, VALL∴ D'HANOI

MEMB∴ ACT∴ DE LA R∴ L∴ Les Inséparables du Progrès, OR∴ DE PARIS

« La Franc-Maçonnerie institution essentiellement philanthropique, philosophique et progressive devient trop facilement de nos jours, pour " l'arriviste ", une échelle dont il se sert pour monter à l'assaut de la situation rêvée, et qu'il repousse ensuite du pied une fois ses ambitions réalisées et son but atteint. »

J. B.

1906

INTRODUCTION

Notre excellent F.·. Van Raveschot, ancien Secrétaire de la Mairie d'Hanc T.·. S.·. du Souv.·. Chap.·. *Fraternité Tonkinoise*, Vall.·. d'Hanoi, établit, dans la brochure qu'on va lire, l'extrême puissance de la Mission catholique en Indo-Chine.

Il nous montre, avec un courage auquel on ne saurait trop rendre hommage, avec une abondance de faits plus probants les uns que les autres, que notre Empire colonial d'Extrême-Orient serait, à cette heure, la proie conquise et dépecée des moines si, à leurs risques et périls, luttant avec leurs seules forces, ayant trop souvent contre eux les représentants de l'Administration, les Francs-Maçons n'avaient pas jeté le cri d'alarme et paralysé, en partie. ·s agissements ténébreux, les critiques et les spoliations audacieuses de la Congrégation romaine.

Mais malgré tout ce qui a été fait, malgré tout ce qu'entreprennent les Maç.·. pour républicaniser, laiciser, émanciper l'Indo-Chine, le danger n'en reste pas moins grand, considérable l'œuvre de sauvetage qu'il s'agit d'accomplir.

Et il est lamentable, profondément révoltant aussi, d'avoir a constater que la situation précaire, tant au point de vue économique que politique, dans laquelle se débat l'Indo-Chine, n'a pu être l'œuvre des moines que grâce, précisément, au laisser-faire et à la complaisance, pour ne pas dire la complicité, d'une haute administration qui s'était mise jusqu'à ces dernières années, pour ainsi dire, au service de la toute puissante et richissime Mission.

Heureusement qu'il n'en est plus tout à fait de même aujourd'hui. Mais M. Beau, qui a donné tant de preuves de l'excellence de ses sentiments républicains et libres-penseurs, aura fort à faire pour remédier à un état de choses très préjudiciable aux intérêts primordiaux de la colonie. et dont l'entière responsabilité doit remonter, sans contestations possibles, au proconsulat de M. Doumer, aussi bien, d'ailleurs, qu'aux errements de son homme-lige, M Broni, agent complaisant et empressé de la faction romaine et de la coterie doumériste en Indo-Chine.

Déjà, dans les journaux, dans les milieux politiques. on avait vaguement abordé là question des relations très intimes, très cordiales que le F.˙.-M.˙. Doumer avait, dès son arrivée dans la Colonie, entretenues avec les représentants autorisés de la faction romaine en Indo-Chine. Aujourd'hui, le doute n'est plus permis. Il est établi que l'ex-radical, l'ex-membre du Conseil de l'Ordre. l'ex-mangeur de curés Doumer n'eut pas de conseillers plus écoutés que les RR. PP. qui font, en Extrême-Orient, tous les métiers, les plus bizarres et les plus malpropres, qui se livrent à tous les négoces. qui font du prosélytisme catholique en dépouillant les malheureux indigènes de leurs terres et de leurs maisons, qui civilisent et éduquent en vendant des « congaıes » et des « boys », de petites filles ou de jeunes garçons aux amateurs de chair fraîche. qui montent par action et exploitent des maisons de prostitution et ᴊᴇ͏s fumeries d'opium dans les grandes villes de la Colonie

Oui, voilà ce qui est définitivement établi : l'entente cordiale, la partie liée entre le Gouverneur général Doumer et les forbans en soutane, les accapareurs de la fortune, de la richesse en Indo-Chine.

En fait de civilisation. d'émancipation, d'éducation, M. Doumer s'appliqua surtout à favoriser, à fortifier l'action rétrograde et abrutissante, les entreprises commerciales des missionnaires, à leur permettre d'accaparer, de voler toutes les terres dont ils avaient envie. Au lieu de fonder des écoles et de laïciser les établissements hospitaliers ou autres, M. Doumer préféra subventionner largement les missions catholiques et leur donner ainsi, aux yeux de la population indigène, l'apparence d'être sous le contrôle et la protection de l'Etat, de dépendre officiellement de l'Administration française.

On s'explique, dès lors, l'arrogance de la moinerie en Indo-Chine, les progrès prodigieux faits par elle depuis une dizaine d'années, et l'ambition non dissimulée d'arriver à diriger souverainement, selon les vues de Rome, l'administration et la marche de notre grande colonie asiatique. On s'explique aussi avec quel entrain, quel enthousiasme, quelle gratitude l'Eglise romaine a fait le jeu. favorisé les machinations de M. Doumer, lorsque celui-ci a essayé de s'emparer, par l'intrigue et la corruption, de la présidence de la République : *elle payait ainsi une dette de reconnaissance, tout en préparant l'avenir.* Quelques années de plus de proconsulat en Extrême-Orient, ou même qu'il ait réussi à crocheter la porte de l'Elysée, et M. Doumer était béatifié par l'Eglise, considéré à l'égal d'un grand apôtre, d'un Saint-Paul quelconque ayant trouvé son chemin de Damas, tout pavé de

lingots d'or ou d'argent, de piastres sonnantes et trébuchantes...

Et maintenant, certains esprits timorés, plus portés
à la critique qu'à l'action, prétendront-ils encore que nous
exagérions, que nous forcions la note quand nous dénon-
cions l'œuvre scélérate et dissolvante de M. Doumer,
ses agissements coupables, tant en Indo-Chine qu'en
France; quand nous affirmions que la réaction cléricale
avait trouvé en lui un allié dévoué et intéressé, un docile
et entreprenant instrument d'exécution, un serviteur
complaisant et décidé, un homme prêt à tout pour satis-
faire sa maladive et dangereuse ambition ?...

En réalité, tout converge aujourd'hui à montrer que
nous avons vu clair dans la vie de l'ex-proconsul, que
nous avons mis au jour une partie de la vérité dans ses
actes, qui vont de l'époque où il se laissa acheter par
M. Méline jusqu'au moment où il crut atteindre au pouvoir suprême, lors du Congrès de Versailles. Tout
démontre, avec une évidence indéniable, avec une clarté
aveuglante, que rien n'était exagéré dans nos appréhen-
sions ; qu'aucune de nos critiques, de nos attaques, de
nos dénonciations ne fut un seul instant outrancière; et
tout ce que nous apprenons, tout ce qui finit par se
dévoiler à mesure que la lumière se fait sur les agissements de M. Doumer, est la confirmation éclatante du
bien fondé de notre campagne, et aussi la justification
de notre At.˙. *Les Inséparables du Progrès,* qui n'a cessé
de réclamer, de poursuivre la mise en accusation du
traître, du renégat Doumer. Et ce n'est pas l'incident de
la réunion électorale de Saint-Gobain, où M. Doumer se
répandit en basses injures à l'adresse de la Maç.˙., à

laquelle il devait tout, qui affaiblira notre thèse devant les fervents et dévoués Maç.·. qui nous lisent.

Oui. M. Doumer est bien le prototype de l'arriviste sans vergogne, de l'ambitieux sans conscience, qui n'a vu dans la Maç.·., comme le dit si éloquemment notre F.·. Van Raveschot, « *qu'une échelle dont il s'est servi pour monter à l'assaut de la situation rêvée et qu'il repousse ensuite du pied, une fois ses ambitions réalisées et son but atteint.* »

***

Nous ne saurions trop insister auprès des Vén.·. et FF.·. des LL.·. SS.·. pour qu'ils lisent attentivement la conférence, si documentée, de notre F.·. Van Raveschot sur **la Franc-Maçonnerie au Tonkin et les agissements des Missionnaires en Extrême-Orient**; et aussi pour qu'ils répandent, pour qu'ils fassent lire autour d'eux, pour qu'ils fassent connaître, dans les milieux républicains et libres-penseurs, cette très courageuse et intéressante étude.

Devons-nous ajouter que nous recevrons avec joie, avec la ferme volonté d'en faire notre profit, les observations, appréciations ou critiques que pourrait suggérer à nos FF.·. et amis des autres LL.·., la lecture de cette brochure.

Salut et Fraternité à tous.

Pour la R.·. L.·. **Les Inséparables du Progrès :**

Le Vén.·.,

GEORGES PIERMÉ, (30ᵉ)
Delégué de Cochinchine au Comité Exécutif
du Parti Radical et Radical-Socialiste.

Dans sa Ten∴ Sol∴ du 23 Octobre 1906, après avoir entendu la Conférence du F∴ Van Raveschot, membre de l'At∴ et T∴ S∴ du Souv∴ Chap∴ *Frat∴ Tonkinoise*, Or∴ d'Hanoï, la L∴ **Les Inséparables du Progrès** en vota, à l'unanimité, l'impression et l'envoi à toutes les LL∴ de l'Obéd∴.

Le Ven∴

Georges Piermé (30ᶜ).

Le 1ᵉʳ Surv∴   *Le 2ᵉ Surv.*

Paul Mette (3ᶜ).   Alfred Durand (3ᶜ).

L'Orat.   *Le Secret∴*

Paul Chanoine (18ᵉ).   Gutenthal (3ᶜ).

Le Trés∴

Frédéric Hlim (18ᵉ).

La Franc-Maçonnerie au Tonkin

ET

LES AGISSEMENTS DES MISSIONNAIRES

en EXTRÊME-ORIENT

« *La Franc-Maçonnerie, institution*
« *essentiellement philanthropique, phi-*
« *losophique et progressive, devient trop*
« *facilement de nos jours, pour "l'arri-*
« *viste", une échelle dont il se sert*
« *pour monter à l'assaut de la situation*
« *revée, et qu'il repousse ensuite du*
« *pied une fois ses ambitions réalisées*
« *et son but atteint* »

      E R.

Il y a vingt ans, la campagne du Tonkin, qui nous coûta tant de sang valeureux et d'existences précieuses, venait de s'achever par les grandes luttes de Lang-Son et de Hoa-Moc.

Les noms de ces deux batailles, si différentes l'une de l'autre, qui évoquent, dans nos mémoires, la déroute affolée de Lang-Son et la délivrance et défense héroïques de Tuyen-Quang, clôturent la série des faits d'armes nombreux qui, après cinq années de lutte, assurèrent définitivement à la France cette riche contrée tonkinoise, considérée aujourd'hui, à juste titre, comme le plus beau fleuron de notre couronne coloniale.

Au régime du sabre, succéda alors le régime civil, et Paul Bert, abandonnant, non sans regret, ses hautes études scientifiques, fut envoyé au Tonkin vers la fin de 1886, comme Résident général, pour terminer la pacification et organiser la conquête. Aussi bien, la mort, cette faucheuse inexorable et aveugle, ne lui laissa pas le temps de poursuivre l'œuvre patriotique qu'il avait si courageusement acceptée, se méprenant toutefois sur ses forces physiques qui le trahirent.

Ce fut vers cette époque plus calme, que les Francs-Maçons résidant au Tonkin, se sentant seuls et sans appui sur cette terre étrangère; poussés individuellement par un besoin de solidarité, que rendait plus vif encore leur éloignement de la mère Patrie, se cherchèrent, et après s'être fait connaître, résolurent de resserrer davantage les liens fraternels qui les unissaient déjà entre eux, en créant une Loge maçonnique à Hanoï.

Leur but était de joindre leurs efforts pour s'entr'aider et propager au Tonkin, parmi leurs compatriotes et les indigènes placés sous la protection de la France, les grands principes philosophiques et humanitaires qui sont la base de notre institution.

Plusieurs d'entre vous ont certainement dû critiquer nos gestes maçonniques, n'en percevant peut-être pas, de prime abord, toute l'importance et toute l'utilité.

Certes, le Grand Collège des Rites est, à mon point de vue personnel, entaché de caducité, et l'on pourrait, je crois, sans porter la moindre atteinte au prestige maçonnique et à l'unité de l'Ordre, laisser de côté les légendes d'Hiram et autres. Mais j'estime qu'il n'en est pas de même de nos signes et attouchements, que l'on serait amené à rétablir à bref délai, dans un but de reconnaissance et de sécurité, si jamais l'on s'avisait de les supprimer.

Laissez-moi vous dire ici, mes frères, l'émotion que ce simple signe de salut maçonnique fit sur les fondateurs de la première Loge tonkinoise. Guidés par leurs idées libérales, leurs opinions nettement républicaines, ils se recherchèrent et tombèrent dans les bras les uns des autres, unis spontanément par une fraternelle accolade, dès qu'un des leurs avait répondu à leur salut maçonnique.

Que ce simple geste était alors émouvant !

C'est au prix des plus grands sacrifices, croyez-le bien, que ce petit noyau de Francs-Maçons arriva à créer, à l'Orient de Hanoï, la Loge la *Fraternité Tonkinoise*.

Une société anonyme, au capital variable, instituée le 31 août 1886, émettait des parts d'action de 25 piastres (cent francs environ à cette époque) qui furent réparties entre les frères de la Loge, lesquels, d'après les statuts de la Société civile et le règlement particulier de l'Atelier, devaient être tous porteurs d'au moins un quart d'action.

Les capitaux, ainsi obtenus, permirent l'acquisition immédiate d'un local (57, Rue des Pavillons-Noirs) pour servir de Temple à la nouvelle Loge.

En outre, sur le produit des cotisations, qui étaient à cette époque de vingt francs par mois (240 francs par an), il fut prélevé, mensuellement, une somme destinée à faire face aux dépenses imprévues, pouvant résulter des aménagements et réparations à effectuer au local en question, pour sa transformation en Temple Maçonnique.

A la fin de 1905, la *Fraternité Tonkinoise* vendit, pour la somme d'environ 10.000 francs, le local de la Rue des Pavillons-Noirs et édifia, sur un terrain de 8.000 mètres, sis Boulevard Gambetta, don de notre frère Beau, Gouverneur général, un temple de 150.000 francs qui est aujourd'hui, sans conteste, l'un des plus beaux monuments dont se pare la ville de Hanoï.

*
* *

Le passage des nombreux Gouverneurs généraux qui se sont succédé si rapidement, marque les hauts et les bas de l'action maçonnique au Tonkin, qui, tantôt aidée et soutenue par les uns, est, quelques mois après, rejetée, méprisée et combattue par les autres.

A Paul Bert, esprit libéral, droit et foncièrement bon, succède, comme intérimaire, Paulin Vial, frégaton clérical, comme toute l'ancienne marine, et une grande partie de la flotte actuelle. Bihourd, ministre plénipotentiaire, qui le remplace, est bientôt rappelé en France sur les instances de la Loge de Hanoï. Richaud, qui ne resta que quelques mois seulement, meurt du choléra dans l'Océan indien en rentrant en France; puis vinrent successivement Constans et de Lanessan. Ce dernier, au cours d'un voyage qu'il avait fait en Indo-Chine, comme député en mission, présida en 1886, à l'installation de la Loge la *Fraternité Tonkinoise* à l'Orient de Hanoï.

Paul Bert, mort prématurément, n'eut le temps de ne rien faire.

Paulin Vial et Bihourd furent deux ennemis de la Franc-Maçonnerie et contrarièrent systématiquement les intérêts de tous nos frères, auxquels ils firent le plus grand mal.

Richaud, Constans et de Lanessan. quoique Francs-Maçons, ne firent rien pour nous, se contentant d'assister a nos banquets solsticiaux ou d'y envoyer, à leur place, leur chef de cabinet, comme Doumer le fit plus tard.

M. de Lanessan, rappelé brusquement en France, dans les circonstances dont l'on se souvient, est remplacé par M. Rousseau, Inspecteur général des Ponts et Chaussées, catholique breton, détestant de parti pris, même avant de les connaître, les colons et les fonctionnaires sous ses ordres, qui ne pratiquent pas. Rousseau militarisa, à outrance, l'administration du Protectorat, en lésant le personnel civil dans ses intérêts et son avancement.

Affichant un amour exagéré du galon et du sabre, il introduit des officiers polytechniciens dans toutes les administrations civiles : Douanes, Travaux publics, Résidences; leur donne tous les avantages, leur confie les postes les plus importants ou les missions les plus en vue.

Avec un pareil système, certains capitaines eurent sous leurs ordres des fonctionnaires dont ils avaient été les "*melons*" à l'école.

A quoi donc avait servi, à ces anciens officiers, de se spécialiser dans l'administration, pour y faire leur carrière, de préférence à celle des armes qu'ils abandonnaient, si le savoir était désormais taxé au nombre des galons cousus sur la manche ?

Peu importait à M. Rousseau; pour lui, " cocardier " jusqu'à la frénésie, en se dépouillant de la *livrée militaire*, qui seule, à ses yeux, caractérisait le savoir, l'honneur et le patriotisme, l'ancien officier. devenu fonctionnaire, n'était plus qu'un ignare paresseux, dans l'impossibilité. jugeait-il, de fournir un travail intelligent et sérieux.

Ennemi né du Franc–Maçon, il mit à l'index tous les colons ou fonctionnaires fréquentant les Loges. leur refusant impitoyablement, et sans examen, tout ce qu'ils demandaient ou étaient en droit d'espérer de l'équité du chef de la colonie.

Il alla ainsi jusqu'à mettre en péril l'existence même des Loges Indo-Chinoises, dont les défections faillirent entraîner la mise en sommeil, quand la mort vint le frapper spontanément, dans des circonstances identiques à Paul Bert.

Doumer lui succéda.

Le rénégat qui, sur son honneur et sa conscience, a, par les paroles prononcées au cours de la réunion électorale de St-Gobain, le 27 avril 1906, voué sa mémoire en exécration, dilapida l'emprunt, pendant son ruineux et trop long proconsulat en Indo-Chine.

L'acte ci-après dépeint, en quelques mots, l'orgueilleux
" blufer ".

« Ce moineau sautillant et impertinent », comme le dési-
gnent les vieux chefs de division du Ministère des Finances,
qui l'ont vu à l'œuvre et l'ont tout de suite jugé, n'eut-il pas l'impudence, en inaugur.. le pont sur le Fleuve Rouge, cons-
truit sous le gouvernement de Rousseau, avec l'emprunt
enlevé par ce dernier, de faire baptiser ce pont : Pont Doumer !

Le cadavre de son prédécesseur ne réclama pas ?

Ce qui ne l'empêcha pas, quelques mois plus tard, de faire
refuser l'approbation d'une décision du Conseil Municipal de
la Ville de Hanoï, au sujet des dénominations de voies nouvel-
lement ouvertes, en faisant observer que l'on ne donnait le
nom d'un personnage influent à une voie ou à un établissement que lorsque ce personnage était décédé, et jamais de
son vivant.

Pourtant. Doumer et de Lanessan ne sont pas morts et le
premier a donné son nom à un pont sur le Fleuve Rouge, le
second à l'hôpital d'Hanoï.

Au point de vue maçonnique, Doumer, qui accorda de
grosses subventions à la mission, ne fit jamais rien pour
nous. Bien mieux, il accorda un magnifique terrain aux protestants pour la construction de leur Temple et en refusa un
aux Francs-Maçons pour l'édification de leur Loge.

Deux poids, deux mesures, suivant qu'il s'agit d'un
Temple Protestant on d'un Temple Maçonnique.

La caractéristique de l'administration de l'Indo-Chine est
la suivante :

A une période de dilapidation. de création de monopoles
scandaleux qu'il faut ensuite racheter à des prix exorbitants,
qui font de suite plusieurs fois millionnaires ceux à qui ils
étaient concédés, succède un Gouverneur moins agité, moins
bruyant. à qui l'on donne pour mission de mettre un peu
d'ordre dans les finances et de réaliser des économies en vue
de combler les déficits budgétaires.

Le premier est un grand homme ; il a su faire sa fortune
en enrichissant quelques colons, et ce, au détriment de la
colonie qu'épuisent ces saignées et ces monopoles ; le second
est une nullité dénuée d'énergie, prétend-on, parce qu'il n'a
rien à dépenser et s'évertue à boucher les trous par où le
trésor public s'écoulait.

Ce fut notre frère Beau qui succéda au rénégat Doumer.

Malheureusement, l'action du Gouverneur général actuel de l'Indo-Chine se trouve contrecarrée maintes fois par son Secrétaire général, Stanislas Broni, l'homme imposé par Doumer.

Ce Stanislas Broni, ancien Commissaire de la Marine en retraite, est un réactionnaire clérical, qui profite des nombreux intérims qu'il a été appelé à remplir en l'absence de M. Beau, pour écraser les républicains, poursuivre de sa haine les Francs-Maçons et avantager la mission et ses créatures parmi lesquelles il compte actuellement trois gendres.

Ne pouvant m'étendre ici sur tous les actes anti-républicains de ce fonctionnaire à la solde de la République, je n'en citerai que deux seulement, pour vous édifier.

M. l'Inspecteur général des Colonies Piquet, directeur actuel du Contrôle financier au Ministère, a relevé dans les dépenses du Secrétaire général Broni, portées au compte du budget de l'Indo-Chine, pour 1.200 francs de savon en un mois. M. Broni, invité par M. l'Inspecteur général Piquet à fournir des explications, s'y est refusé; on devine facilement pourquoi.

Enfin, au cours de son avant-dernier intérim de Gouverneur général — je dis avant-dernier, car j'espère qu'il n'en remplira plus désormais — M. Broni est allé jusqu'à subventionner les missions de . . . Schanghaï. Celles établies en Indo-Chine ne lui suffisaient probablement plus.

Qu'on en juge plutôt par la lecture des budgets de l'exercice 1906 de la Cochinchine, du Cambodge, du Tonkin et de l'Annam, sur lesquels nous relevons 70.000 francs de subventions accordées aux sœurs dans les hôpitaux, bien que la laïcisation en ait été décidée et ordonnée.

Le détail de ces subventions sera d'ailleurs donné d'autre part, quant il s'agira de traiter la question de la laïcisation en Indo-Chine.

Ainsi que vous avez pu en juger par ce court et rapide passage en revue de nos Gouverneurs généraux successifs, l'instabilité des titulaires de ce haut poste fit malheureusement passer comme des météores, un groupe aussi multiple que varié de Gouverneurs généraux en Indo-Chine, et ce, dans un très court laps de temps.

Au membre de l'Institut (P. Bert), succède par intérim le

frégaton à favoris (Paulin Vial); puis, tour à tour, défilent les plumes du plénipotentiaire (Bihourd); la carapace argentée du Commissaire général de la Marine (Richaud); l'écharpe de député (Constars); la plaque de sénateur (Rousseau); l'insigne de député (de Lanessan) ; le portefeuille de l'ancien Ministre des Finances (Doumer); les dorures du Consul général (Beau).

Tous passent rapidement, sans avoir eu souvent le temps matériel de réaliser le programme que, maintes fois, ils n'ont pu seulement qu'ébaucher.

Tous obligés de faire école, d'apprendre les mœurs et coutumes du pays qu'ils ignorent ; s'entourant presqu'invariablement de nouveaux venus, arrivés avec eux, l'ignorant comme eux et incapables, par conséquent, de les renseigner.

Bienheureux encore, quand le nouveau Gouverneur ne prend pas systématiquement le contre-pied de tout ce qui a été fait anterieurement par son prédécesseur, dont l'œuvre est souvent l'objet, à tort ou à raison, des critiques les plus acerbes.

C'est un éternel recommencement qui fait que, depuis des années, on tâtonne et piétine sur place sans faire de progrès.

Voilà, mes frères, une des plaies dont a eu à souffrir notre belle colonie d'Indo-Chine. Les changements successifs des Gouverneurs généraux, que les hasards de la politique nous envoient, ont fait plus de mal à notre jeune colonie que tous les actes de piraterie réunis qui, grossis en France et dénaturés par la presse métropolitaine, évidemment mal renseignée, n'égalent pas, à eux tous, le tiers du nombre des victimes tombant sous les coups de nos apaches parisiens.

Dans les conditions que je viens de relater, il est facile, mes frères, de concevoir les difficultés incessantes que rencontrèrent les Francs-Maçons au Tonkin, dont les courageux efforts, sans cesse renouvelés, se trouvaient paralysés à chaque changement de Gouverneur.

Cependant, la *Fraternité Tonkinoise* compte aujourd'hui plus de vingt années d'existence et possède un temple de 150.000 francs.

L'*Etoile du Tonkin*, à Haïphong, quinze années !

Le *Chapitre*, souché sur la *Fraternité*, trois années !

Saigon possède, à lui seul, deux Loges et un Chapitre, et deux nouvelles Loges sont actuellement en formation : l'une à Tourane en Annam, l'autre à Pnom-Penh, capitale du Cambodge.

Les deux Loges tonkinoises fonctionnent admirablement, la plus compacte solidarité, la plus grande fraternité unissent si étroitement entre eux les frères des deux Ateliers *(affiliés de droit à toutes les Loges indo-chinoises)*, qu'il semble que l'éloignement a resserré davantage, si possible, les liens fraternels qui les unissaient déjà entre eux, et fait battre plus fort leurs cœurs.

Peut-être, aussi, est-ce l'éloignement de la mère Patrie, l'absence des vieux parents qu'on affectionne, du toit qui les abrite et, qu'en imagination, ils distinguent au milieu du village, sur ce coin de terre qui les a vu naître, qui fait que, loin de la France, les Francs-Maçons sont plus solidaires les uns des autres et se soutiennent davantage.

Les Loges fondées, les deux Ateliers se mirent laborieusement à l'œuvre, organisant des commissions d'étude, cherchant les voies et moyens de recueillir les petits métis abandonnés, trop nombreux, hélas! secourant les misères et les deuils quotidiens.

La main qui a soulagé ces infortunes nombreuses est toujours restée ignorée, et plus d'une veuve rapatriée avait en poche quelques centaines de francs, provenant de ces Francs Maçons qui lui faisaient horreur, et dont elle ne voulait, à tout prix, entendre parler.

En revanche elle n'emportait de la mission . . . que la facture acquittée, souvent avec notre argent, des obsèques religieuses de défunt son mari — neuf fois sur dix un libre-penseur onctionné *in-extremis* et dans le comat ; quelquefois même, un protestant ou un juif, car l s enterrements se paient eher en Indo-Chine et sont toujours, en outre, un moyen de propagande catholique vis-à-vis des indigènes paiens, autrement dit des bouddhistes.

La Loge la *Fraternité Tonkinoise* a créé également une Bibliothèque populaire.

Cette Bibliothèque a été formée par des dons en argent et en livres, faits par les frères de l'Orient de Hanoï au moment de sa création ; elle fonctionne aujourd'hui à l'aide d'un versement mensuel de une piastre (2 fr. 70) que s'imposent tous les frères de l'Atelier, sans exception, en sus de leur cotisation à la Loge, pour subvenir aux frais de location du local, de gar-

diennage, d'éclairage à l'électricité, d'achat de matériel, etc...
et à couvrir les abonnements aux diverses publications
périodiques.

En fin d'année, l'excédent des recettes sur les dépenses est
employé à l'achat de livres nouveaux et à la reliure des
volumes existants.

A côté de la Bibliothèque populaire, fut créée l'*Association
des Récréations pour les Militaires*, où des jeux de toutes
sortes étaient mis à la disposition des soldats, que la Loge
essayait de soustraire à ses trois grands ennemis tonkinois :
l'Opium, l'Alcool et l' ^ varie !

Comme on le voit, '' l'Association des Récréations pour
les Militaires '' n'était qu'un titre qui masquait celui de '' Ligue
anti-alcoolique '', lequel aurait fait fuir le troupier, que nous
cherchions, par tous les moyens possibles, à arracher à l'em-
poisonnement des boissons frelatées que vendent les débitants
chinois.

Enfin, des cours sont dirigés par les frères de l'Atelier,
suivant leurs capacités ou leurs aptitudes spéciales.

D'autres cours existent également pour les indigènes, de
façon à amener l'Annamite, petit à petit et graduellement, à
s'instruire, à se perfectionner par l'étude dans la connaissance
des sciences et de la langue française, si belle et si riche, non
sans l'arrière-pensée qu'un jour, nous aurons formé des
hommes capables d'être utiles à la France qui les protège.

J'ajouterai, en terminant, que l'*Indo-Chine Républicaine*,
organe de la Maçonnerie au Tonkin, a paru pendant cinq ans.
Nous avons dû, il y a deux ans, laisser tomber momentanément cette feuille, qui nous coûtait près de 2.000 francs par
mois, pour affecter spécialement nos capitaux à l'édification
de notre Temple maçonnique.

Mais nous avons tout lieu d'espérer que, désormais, tous
nos efforts vont tendre à la réimpression de cet organe, qui
renaîtra bientôt de ses propres cendres pour combattre, avec
plus de vigueur encore, les ennemis de la République en Indo-
Chine.

J'ai nommé, par là, les hauts fonctionnaires réactionnaires,
inféodés à la toute puissante mission catholique, dont ils se
font ouvertement les protecteurs et les bailleurs de fonds, en
mettant au pillage le budget indo-chinois.

AGISSEMENTS DES MISSIONNAIRES

en EXTRÊME-ORIENT

> « *Nos prêtres ne sont pas ce qu'un*
> « *vain peuple pense Notre credulite*
> « *fait toute leur science.* »
>
> VOLTAIRF.

Permettez-moi maintenant, mes frères, d'appeler toute votre bienveillante attention sur les diffcultés d'un autre ordre, difficultés beaucoup plus grandes encore que celles que je viens de vous signaler, et qui constituent la plaie chancreuse qui ronge notre belle colonie.

Je veux parler des missions catholiques.

Je tiens à déclarer, tout d'abord, ne pas vouloir faire porter mon exposé sur le terrain des dogmes ou des croyances.

Sur ces terrains réservés, je laisse en effet à chacun, et je garde pour moi-même, la plus entière indépendance et la liberté la moins limitée.

Je veux vous faire toucher du doigt, cependant, la concurrence que font les missionnaires aux colons.

En dehors de leurs doctrines et de leur apostolat, les missions indo-chinoises ont des intérêts matériels considérables· elles occupent une place des plus importante dans la vie publique. Ce sont elles qui ont amené l'Europe coalisée et en armes aux portes de la Chine et Monseigneur Favier, évêque, a réalisé un bénéfice de plus de 600.000 francs, en rachetant à vil prix, aux troupiers des diverses puissances, les objets provenant du pillage du Palais de Pékin.

Le fait est indéniable, un exemplaire de ces chèques photographié est affiché, avec d'autres photographies aussi suggestives, dans les parois du temple de la *Fraternité Tonkinoise;* j'oubliais de dire que le cadre de cette photographie a été, non par excès de précautions, scellé dans le mur.

Au point de vue colonisation, les missionnaires sont, comme on le verra plus loin, catholiques avant d'être citoyens d'aucune nation; ils relèguent donc, au dernier plan de leurs préoccupations, la cause de la Patrie française. Néanmoins, quand ils sont établis et maintenus par nos armes dans un pays récemment soumis à notre domination, ils s'arrogent tout le mérite de la conquête ; ils revendiquent un rôle de contrôleurs, de directeurs de notre administration locale, et de juges en dernier ressort entre vainqueurs et vaincus.

Dans les provinces, le missionnaire enseigne la soumission au clergé, mais encourage les attitudes fraudeuses vis-à-vis de l'administrateur, surtout si l'administrateur n'est pas dans le ton catholique.

Les prêtres indigènes exagèrent particulièrement cette prédication de l'indiscipline et de la révolte. En outre, l'intervention continuelle des missionnaires en faveur de leurs fidèles coupables, entrave la marche de la justice et tient en échec l'autorité résidentielle.

C'est souvent chez le missionnaire que l'Autorité civile est allé chercher le pirate qu'elle poursuivait, et ils ont su, à maintes reprises, se placer comme intermédiaires entre le rebelle et l'Autorité militaire ou civile.

Au point de vue éducateurs et professeurs, malgré la supériorité incontestable de la morale chrétienne, les missionnaires obtiennent peu de conversions sincères et beaucoup plus d'apostasies intéressées : donc l'effet moralisateur de leur religion est d'autant plus contestable, que le " Catholica " continue à faire *Chimchim Bouddha*, ne pouvant abandonner totalement le cultes des mânes de ses ancêtres. Il a, par conséquent, deux religions au lieu d'une.

Au point de vue de l'Enseignement, ils ont détruit, dans leurs villages, l'instruction primaire, remplacée par la récitation en *quôc ngu* du catéchisme. Aux élèves de leurs grands séminaires, ils n'enseignent ni le Français, ni les caractères, mais un latin hérissé de barbarisme, langue de l'Eglise romaine. Si vous rencontrez un catholica sur votre route, il vous exhibe immédiatement son scapulaire en guise de passeport et joint les mains dans une attitude de prière, puis vole dans vos bagages en passant, dès que vous avez tourné le dos.

Le missionnaire est loin d'être indifférent à la politique locale, *j'en sais quelque chose !* Usant de leurs droits, les missionnaires descendent dans l'arène électorale chaque fois que leurs intérêts sont en jeu ; ils réussissent parfois à changer le sens du suffrage universel, en *donnant* en bloc, avec une discipline parfaite, et en faisant agir toutes leurs influences.

' En voici un exemple : la mission est allé trouver M. Mettetal. protestant, avocat très influent du barreau de Hanoï, premier adjoint de la 'dite ville, candidat aux dernières élections de Délégué de l'Annam-Tonkin au Conseil Supérieur des Colonies, et *lui a promis de lui apporter, pour son élection à ce*
« *siège, toutes les voix des missionnaires de l'Annam et du*
« *Tonkin et des gens bien pensants de ces deux pays, s'il*
« *voulait prendre l'engagement de s'employer à faire révo-*
« *quer de ses fonctions de Secrétaire général de la Residence,*
« *Mairie de Hanoï, ce sale franc-maçon de Van Raveschot,*
« *votre serviteur, qui menait toute la Loge et gênait la mis-*
« *sion.* »

M. Mettetal qui, bien qu'adversaire politique, est un honnête homme, refusa un tel marché et fut alors battu par M. Laborde de Montpezat, un réactionnaire, sur lequel la mission reporta toutes ses voix, malgré la promesse de voter pour lui qu'elle avait faite, d'autre part, au baron Pierre de Goy, Administrateur des Services Civils, candidat, se portant contre M. de Montpezat.

Mais les missionnaires ne se déclarèrent pas battus pour si peu. Repoussés par M. Mettetal, ils s'adressèrent alors au Docteur Le L..., pédéraste actif et passif. chassé de l'armée pour, ce vice ignoble, médecin sans clientèle, vivant d'expédients et de chantage, après avoir été expulsé de la Municipalité Hanoïenne pour concussion auprès des patronnes des maisons de tolérance japonaise ; franc-maçon reçu par surprise en France avec son boy, puis chassé de la Franc-Maçonnerie peu après son initiation, sur les renseignements fournis par la loge d'Hanoï.

Voici, du reste, dans quels termes cet immonde personnage s'adresse au gendre de M. Broni, Secrétaire général de l'Indo-Chine, avec lequel il est au mieux pour accomplir, à l'instigation des missionnaires restant prudemment dans la coulisse, le vilain métier pour lequel ces derniers l'ont payé.

« *Hanoï. 9 Septembre 1905.*

« Cher Monsieur Le Gallen,

« Pour être bien sûr qu'elle arrive plus vite à M. le Gouver-
« neur, je me permets de vous adresser, sous ce pli personnel, la
« lettre officielle que je lui écris.

« C'est M. Van Rayeschot qui mène toute la bande et toute la
« Loge. Lui parti, elle n'est plus à craindre.

« **L'occasion est unique et superbe !** — « M. Broni fait l'in-
« térim de Gouverneur, en l'absence de M. Beau, en France. »

« Sans toucher à la Loge, afin que l'on ne puisse croire à des
« représailles, en rendant même son ancien grade à M. Van
« Raveschot, et en le faisant envoyer vers Thaï-Nguyên, Tuyen-
« Quang, Hung-Hoa -- en un point où il n'y a pas de chemin de
« fer — et d'ou il ne puisse venir mener sa coterie de Hanoï ; celle-
« ci, privée de sa tête, ne sera plus à craindre.

« Je me permets de compter sur vous pour faire valoir ces rai-
« sons de *salubrité publique*, près de M. le Gouverneur.

« **Il peut se rendre compte que le mouvement est in-
« tense et profond.**

« Si j'ai un moment, j'irai vous en causer.

« Veuillez croire à mes sentiments tout dévoués.

« *Signé* : Victor Le L.. »

***

Les missions exploitent d'immenses terrains dont la propriété leur est contestée ; elles possèdent actuellement un quatorzième de la superficie totale de la ville de Hanoï, où le terrain
vaut, en certains endroits, jusqu'à cent cinquante francs le
mètre carré.

A ce sujet, il me revient à la mémoire une bonne histoire
de Monseigneur Puginier, évêque du Tonkin, qui, se sentant
accusé d'avoir (au nom de la mission) occupé... disons "trop
rapidement" certains terrains de Hanoï, vint se plaindre à
Paul Bert de ces accusations. Le Résident général lui répondit très finement :

« Vous avez raison, Monseigneur, mais pour me permettre
« de poursuivre vos accusateurs, apportez-moi donc vos titres
« de propriété ! »

Il paraît que Monseigneur Puginier n'en reparla jamais
plus, car la majeure partie des terrains que possède la mission, ont été spoliés aux indigènes convertis au christianisme
ou aux païens — comme ils les appellent — qui ont préféré fuir

en abandonnant leurs propriétés à la mission, plutôt que de renier le culte de leurs ancêtres. Qu'on fasse une enquête, qu'on leur laisse leurs biens régulièrement acquis, et qu'on leur enlève ceux qu'ils détiennent illégalement.

La mission, société civile en marge du Code, retire de cette situation privilégiée des avantages considérables. Qu'on replace ses membres dans le droit commun, en promulguant, en Indo-Chine, une loi faite pour tous les citoyens français, et à laquelle tous les citoyens français se soumettront comme eux.

Les missionnaires, avec les froissements et les procédés arbitraires qu'ils emploient vis-à-vis des indigènes, dont ils accaparent les terrains, sont la cause initiale de tous les désordres qui se produisent en Extrême-Orient.

J'ai dit qu'à Hanoï, capitale de l'Indo-Chine, la mission catholique possédait, à elle seule, un quatorzième de la super-ficie totale de cette ville, organisée depuis quinze ans seule-ment en municipalité.

Le relevé officiel, établi par moi d'après la matrice cadas-trale de la ville de Hanoï, accuse, en dehors des édifices du culte, une possession d'une superficie totale de 311.365 mètres carrés, au cœur même de la ville de Hanoï !

Ces propriétés se répartissent comme suit :

4.597 mètres carrés de constructions à étages.

9.909 mètres carrés de constructions à rez-de-chaussée.

6.547 mètres carrés de constructions en paillottes ou torchis.

Et 290.312 mètres carrés en cours ou jardins.

J'ajouterai que ces propriétés sont dégrevées, chaque année, de l'impôt foncier, pour une superficie de 100.607 mètres carrés.

Tous ces biens sont, ainsi que vous le savez, dits de "main morte", c'est-à-dire qu'ils sont inaliénables, n'ayant par suite aucun droit de succession ou de mutation à payer à l'État. Le particulier, lui, paie à l'enregistrement 10 % de la valeur de l'immeuble qu'il acquiert, et, par ce simple fait, il est facile de se rendre compte qu'un immeuble, qui pour des causes quelconques, a changé dix fois de proprietaire, a payé à l'État, en enregistrement, le montant total de sa valeur réelle.

Les biens de la mission, eux, ne se vendent jamais; elle augmente toujours son fief, souvent par des moyens illégaux; elle échange quelquefois ses terrains, pour cause d'utilité publique ou pour convenances réciproques des riverains, mais toujours dans la proportion d'un œuf pour un bœuf, de telle façon que sa propriété foncière, loin de diminuer, s'accroît sans cesse. Ne vendant jamais, puisque le propriétaire anonyme de ce domaine s'intitule " *La Mission* ", non seulement l'Etat se trouve frustré des droits de mutation, mais aussi la fortune foncière de la ville d'Hanoï, dont une superficie importante, placée ainsi entre leurs mains, " *mano négra* ", devient la source de bénéfices considérables, en même temps qu'une arme dangereuse dirigée contre la colonisation et le développement de notre jeune capitale indo-chinoise.

Les lois du 28 Décembre 1880 et 29 Décembre 1884 imposent les revenus des congrégations au même titre que les revenus des valeurs mobilières, et frappent leurs biens du droit d'accroissement. Qu'attend-on pour promulguer cette loi en Indo-Chine !

Les colonies n'ont-elles pas été conquises pour assurer le débouché des produits de la métropole et lui apporter, en échange, les richesses de leurs sols encore vierges ?

Pourquoi ne pas leur appliquer les lois reconnues nécessaires dans la métropole ?

Pourquoi laisser ces noirs parasites venir tracasser les peuplades indigènes sous notre domination ou notre protection, en substituant le mystère du dogme catholique à la superstition bouddhiste ?

La religion catholique aurait-elle, par hasard, la prétention de vouloir se comparer au bouddhisme, le plus ancien et le plus beau des cultes, puisqu'il est basé entièrement sur le culte des ancêtres et le respect de la famille.

Non, Confucius n'a rien à envier à Christ et, s'il existait en moi le besoin d'un sentiment religieux, je n'hésite pas à déclarer ici que c'est le bouddhisme que j'embrasserai, imitant ainsi les protestants anglais habitant les Indes, qui n'hésitent pas, eux, dès qu'ils connaissent à fond les maximes de Confucius, à abandonner le protestantisme pour le bouddhisme et aller prêcher la religion de Confucius jusqu'en Europe.

Incontestablement, le bouddhisme est la religion la plus ancienne, c'est elle qui, par conséquent, à mon sens, doit se rapprocher le plus de la vérité et des origines du monde. C'est aussi la plus tolérante et la plus belle, puisqu'elle repose, ainsi que je viens de le dire, sur la famille, cellule du groupement humain.

Confucius est, en outre d'un philosophe, l'inventeur de l'écriture et le Guttemberg de l'Extrême-Orient, c'est lui qui a transmis et vulgarisé par la pensée, à l'aide des caractères chinois, les admirables maximes du culte de Bouddha.

Laissons donc, à chacun, le droit de penser comme il lui convient, surtout aux indigènes, puisque leurs religions, quelqu'elles soient, ne contrarient en rien notre civilisation et notre modernisme, et n'hésitons pas à promulguer aux colonies les mesures de sécurité, d'assainissement moral et d'ordre public, que nous avons reconnu nécessaire d'appliquer dans la métropole.

Qu'attendons-nous ? Le fait n'est cependant pas sans précédent. Pourquoi hésitons-nous ?

En 1594, de Paris ;
En 1598, les jésuites sont expulsés d'Anvers ;
En 1598, de Hollande ;
En 1618 et 1619, de Bohême et de Moravie ;
En 1631, du Japon ;
En 1643, de Malte ;
En 1723, de Russie ;
En 1759, du Portugal ;
En 1764, de France ;
En 1767, d'Espagne, de Naples, de Parme et de Malte.

Le 9 mai 1767, le Parlement rendit contre eux son fameux arrêt d'expulsion : « comme ayant abdiqué leur souverain « et leur patrie, et rebelles à tous pouvoirs légitimes. » Ce qui, vous le verrez par ce qui va suivre, est absolument le cas de nos missionnaires en Indo-Chine et même ailleurs.

Enfin, le pape Clément VII, lui-même, ordonna la suppression de la Société de Jésus dans tous les États de la chrétienté.

Et nous retrouvons ces mêmes Jésuites — oh ironie ! — au Tonkin, à Hanoï, en pleine rue Jules-Ferry, où ils ont fondé une école chrétienne, concurrente acharnée de nos établissement laïques.

Méfions-nous, la tolérance en pareil cas est, à mon avis, mauvaise conseillère; elle ne fait, ainsi que le disait Thiers : « qu'augmenter les difficultés sans les résoudre, et elle finit « par les rendre insurmontables. »

***

Nous reprochons aux Annamites leur manque de bonne foi, leur profonde duplicité, mais dans certains cas, nous oublions de regarder la poutre qui se trouve dans l'œel du critique, pour comtempler le fétu de paille que contient l'œil du critiqué.

Il y a, en France, de braves gens, de bons croyants, qui sacrifient leur superflu pour alimenter la caisse des missions et qui se repaissent mensuellement des annales de la propagation de la foi. Pauvres gens, cette publication ne leur raconte certainement pas ce qui existe et comment on emploie leur argent. On leur représentera les Annamites bouddhistes comme des gens féroces, tout prêts à torturer les missionnaires, et ne reculant que par crainte devant le renouvelment des martyrs d'avant la conquête.

Les martyrs, ce sont, je crois, les bouddhistes que j'estime beaucoup plus, je m'empresse de le dire, que les convertis. Ceux-ci ne sont, en somme, que des apostats, des renégats.

Ils ont abandonné la religion de leurs pères, non par amour et compréhension des dogmes chétiens, mais seulement par intérèt.

Souventes fois, les conversions [ont été payées, soit en argent, soit en influences.

Il faut bien, d'ailleurs, se persuader que les néo-chrétiens ont toujours été choisis dans la fange de la population annamite.

Bien peu font exception à cette règle, et l'on peut être sûr que ces rares exceptions ne se trouveront jamais mêlées à des machinations ténébreuses et malhonnêtes.

Les Annamites qui, dans les villages, ont gagné, par leur vie exécrable, la réprobation de leurs compatriotes; qui mis, hors la loi, ne peuvent continuer à habiter les lieux de leurs exploits, viennent trouver le missionnaire et se font chrétiens sachant que, par ce moyen, on les recevra dans les villages catholiques, dans les chrétientés fondées par les missionnaires. Comment se fondent ces chrétientés? Nous en avons un exemple dans l'affaire de Ngoc-Ha, où nous voyons les catholiques, sous l'égide de leur missionnaire, envahir peu à peu les terrains d'un village bouddhiste pour en arriver à une échauffourée que de faux témoignages tourneront à leur profit et qui fera d'eux les véritables propriétaires des territoires en litige, alors que les premiers habitants seront chassés et même emprisonnés comme des criminels.

Bien criminels, en effet, les pauvres gens, qui ont le tort de posséder des terrains que convoite le missionnaire, sur lesquels il veut établir ses ouailles, le ramassis de gens sans aveu qui, pour échapper à de justes punitions, sont venus se refugier sous la bannière du Christ.

Que doivent penser ces pauvres gens de notre morale? Que doivent-ils penser de notre religion? Quelle créance apporteront-ils maintenant à nos dires? Car ils connaissent la religion catholique, les bouddhistes. Ils la connaissent parce que les missionnaires l'on prêchée dans leurs villages, espérant y recruter des adeptes.

Ils ont entendu les Pères parler d'un Dieu de douceur et de mansuétude, d'un Dieu qui défend le vol et le dol, d'un Dieu qui prêche la Fraternité des hommes, qui commande au for de tendre la main au faible, au riche de partager avec le pauvre, à l'offensé de rendre en bien le mal qu'on lui fait. Ils ont entendu dire que ce Dieu a, dans un élan de suprême amour, abandonné sa forme immatérielle pour offrir son corps en holocauste à son père, et apaiser sa colère contre le genre humain.

Peut-être n'ont-ils pas très bien compris; néanmoins, ils en ont retenu assez pour croire qu'on ne doit espérer de gens qui professent de telles théories, que du bien et de la justice. Bien que conservant la religion de leurs ancêtres, ils les ont reçus avec toute la grandeur des hospitalités antiques. Les chrétiens ont parcouru leurs villages, leurs terres, les ont trouvés à leur goût et maintenant, traîtres à l'hospitalité reçue, ils les chassent, les calomnient, les battent et les font emprisonner.

Et les malheureux ne comprennent pas, ils s'enfuient, il se cachent, tels des bêtes apeurées et traquées par l'oiseau de proie au sombre plùmage, aux serres puissantes et à l'œil fuyant.

Tout cela rejaillit sur la France, sur son nom; toutes ces injustices se commettent sous le couvert de notre protectorat et certains de nos agents, trompés, espérons-le, par les calomnies et les faux témoignages de ces Basiles à peau jaune, se font les dociles instruments d'exécution de dénis de justice, qui révoltent tous ceux qui en ont connaissance.

Et nous nous étonnerons un jour si l'étendard de la révolte se lève, si notre situation devient intenable en Indo-Chine. Ce ne sera pourtant là que le résultat de faits, maintes et maintes fois dénoncés, de criantes injustices, de faux témoignages, qui devraient conduirent leurs auteurs sur les bancs de la cour d'assises.

Dans les villes, nous n'avons plus que des escarpes, des voleurs, des assassins.

Beaucoup, il est vrai, de ces intéressants personnages portent le scapulaire et la croix; cela n'enlève rien, d'ailleurs, à leur sûreté de main et à leur impudence. Les campagnes étaient le dernier refuge des honnêtes gens; chez les Nhaqués on pouvait trouver un peu de foi, un peu de franchise. Tout cela va s'en aller en fumée, puisque les bons élèves de nos missions, les néophytes des chrétientés, vont semer partout le spectacle de leur duplicité et l'exemple de leur hypocrisie.

Tout cela, si nous ne sévissons pas, nous le paierons plus tard, nous le paierons bien cher. Il faut, à tout prix, empêcher le renouvellement de pareilles injustices, arrêter la marche de celles qui s'accomplissent sous nos yeux. Il faut, si cela est nécessaire, opposer le nom de *Français* à celui de *Catholique*. Il faut montrer que le Protectorat ne peut être rendu coupable des agissements des missionnaires français ou autres. Il faut montrer que nous savons, au besoin, préserver nos administrés de ces agissements, lorsqu'ils deviennent nuisibles et délictueux; il faut enfin que, partout en Indo-Chine, l'on sache qu'il n'y a qu'une autorité, celle du Gouvernement, représentée par les Résidents, par le Résident supérieur et le Gouverneur général : il faut obliger les missionnaires à le faire savoir à leurs administrés, pour que ceux-ci ne puissent plus dire qu'ils ne reconnaissent comme maîtres que les Pères et qu'ils se soucient peu des Résidents.

Laïcisation de l'Indo-Chine

La laïcisation de l'Indo-Chine ne marche pas toute seule. La résistance de la mission, pour être sourde, cachée, n'en est que plus redoutable, appuyée qu'elle est, comme tout le faisait pressentir, par la mollesse, la lâcheté, l'égoïsme de ceux même qui sont chargés de faire respecter la loi. Loin de nous la pensée de blâmer qui que ce soit, parmi nos gouvernants.

Mettons-nous à leur place ; loin de la France, ne se rendant pas compte de la force terrible du mouvement qui s'y accomplit, ne se fiant qu'à demi à la solidité d'un ministère, ils louvoient, ils hésitent, et leurs ménagements, leur retenue, peuvent prendre, aux yeux de bien des gens, l'aspect de la trahison et ne les compromet pas aux yeux des puissants d'hier. de demain encore peut-être.

Nous qui pensons que la laïcisation ne sera pas accomplie, même après l'interdiction absolue de l'enseignement congréganiste ; qui croyons que l'œuvre, pour être parfaite, doit modifier le fond intime d'un nombre énorme de personnes, nous ne leur en faisons pas un crime. Mais, comme nous pensons que la laïcisation est une étape, la première, indispensable dans la marche de l'esprit humain vers la lumière et la vérité, vers l'affranchissement de tous les dogmes, nous nous proposons d'appeler ici les laïques à la lutte, les pousser à exiger le même traitement qu'en France, en leur montrant le danger de l'abstention, lorsque tant de moyens d'action s'offrent à eux pour raffermir leurs chefs, les pousser en avant, les briser s'ils s'y refusent, et agir à leur place, si on ne peut faire autrement.

Nous avons affaire, en Indo-Chine, à plus forte partie que dans la Métropole ; indépendamment de l'arme que possède la mission, dans la croyance générale des Français à son œuvre civilisatrice ; indépendamment des ressources matérielles énormes dont elle dispose en Extrême-Orient, il faut tenir compte également de ce fait que le clergé colonial est composé des plus robustes, des plus fanatiques, des plus hardis, des plus remuants des prêtres.

Ils sont, au reste du clergé, ce que nous sommes tous aux autres Français, une sorte d'élite. Sans doute, ils ont pu commettre des maladresses, se laisser à aller faire des déclarations da,igereuṣes, mais l'ère des imprudences semble close pour eux.

Il ne faut plus attendre, de la naïveté d'un de nos adversaires, des discours du genre de celui de Monseigneur Massard, évêque, dont je reparlerai plus loin. Il ne faut pas croire nor plus à la possibilité d'une résistance ouverte, fut-ce grotesque ou malpropre, comme on en a vu des exemples en France, dans des coins arriérés.

Non, nous sommes en présence d'une armée de sapeurs en robe noire, de mineurs, de tortueux jouisseurs bien disciplinés, bien armés, qui viennent jusque sous nos pieds mener leurs sapes hardies, et ce n'est qu'au moment décisif, lorsque nous nous croirons vainqueurs, que le sol manquera sous nos pieds.

Oh! ce n'est pas d'aujourd'hui, ce n'est pas d'hier qu'ils se préparent à la lutte. C'est depuis toujours!

Il y a trois ans déjà, un certain nombre de laïques ont été enregistrés à Saïgon (tiers-ordre de St-François). Quelques-uns, sans même s'en douter, et c'est ainsi que plusieurs, que nous voulons croire de bonne foi, ont fait le jeu de la mission par leurs attaques inconsidérées contre l'enseignement laique de la Cochinchine, qu'il s'agisse du Collège Chasseloup-Laubat ou de l'Ecole Municipale.

A l'heure présente, que chacun se tienne en garde, la trahison, le mensonge rôdent partout autour de nous, et gare à nos points faibles.

Il est certain qu'il eut été prudent et sage d'unifier l'Enseignement, de le doter d'une organisation rationnelle avant de le laiciser, mais quoi, rien ne sera perdu pour attendre. Qui nous prouve, d'ailleurs, que la *mano negra*, la main cléricale, n'a pas profité du reste de sa puissance, du reste d'influence par lequel elle fait encore illusion, pour entraver l'exécution des plans les mieux conçus, des projets les mieux arrêtés.

La mission s'est assignée maintenant un but; elle sait où elle va. A nous de ne pas l'aider à atteindre ce but, à nous de la contrecarrer, par tous les moyens, quand ce but nous sera connu, et il n'est pas difficile à deviner. La mission veut prouver, et cela jusqu'à l'évidence, que la laicisation de l'Indo-Chine est impossible.

Ceci est le nœud de son action; il est facile de voir les

conséquences qu'elle peut déduire de cette prémisse fortement établie, étayée sur des faits. A nous, laïques, de prouver le contraire. Bien que les moyens employés par la calotte coloniale pour atteindre son but, soient aussi ténébreux que multiples, il n'est pas sans intérêt de voir la trame se découvrir.

Il n'est pas de fort joûteur qui ne laisse, de temps à autre, place à l'épée de son adversaire. Or, les missionnaires se découvrent encore quelquefois.

En premier lieu, ce sont les dissensions intestines dans le personnel de l'Ecole Municipale, les prétendues révélations scandaleuses faites sur cette école au moment du retrait des bourses. Cela a fourni un prétexte aux cléricaux, dont quelques-uns haut placés, pour refuser de se soumettre à l'ordre ministériel. Ah ! pas brutalement, non, on demande une suspension de bourse, parce que l'on ne veut pas mettre ses enfants dans un établissement décrié, sous la garde de femmes discréditées. On donne ainsi un excellent prétexte au Gouvernement local pour accorder ces suspensions, et, de la sorte, la loi est tournée; les enfants restent à la Sainte-Enfance et sont toujours titulaires des bourses de la colonie.

Reste à savoir si les pouvoirs du chef de la colonie vont jusque là ; s'il peut, de sa seule et propre autorité, retirer ou suspendre des bourses accordées, si je ne m'abuse, par le Conseil Colonial. Quand le Ministre, appuyé d'un vote du Parlement, exige que les boursiers soient placés dans des établissements de l'Etat, on ne va pas si loin. . .

Autre imprudence, autre faute de nos adversaires, dont nous serions coupables de ne pas nous faire une arme. Tout le monde, à Saïgon et à Hanoï, sait, au moins en gros, ce qui s'est passé dans les hôpitaux, quand on y a placé des infirmières laïques.

Celles-ci ont remis leur tablier presqu'aussitôt, arguant des fatigues excessives.

Ce qu'on sait moins, ou pas du tout, c'est qu'un gros bonnet, du service de santé, a exercé une pression sur certaines de ces pauvres femmes ; c'est que d'autres étaient des cancrelats de confessionnal, qui avaient été fournies au Gouvernement par la mission, qui, après les avoir fait marcher, les a fait se retirer; c'est enfin que des notes, des avis, émanant des plus hautes personnalités de la colonie, sont parvenus à des médecins, chefs de service, pour les engager à licencier, à faire donner leur démission aux laïques récalcitrantes.

Dans quel intérêt, dans quel but ?

« On ne peut recruter du personnel laïque ». Voilà ce qu'il fallait démontrer.

On nous dira, sans doute : « ce ne sont que des hypothèses; « sur quoi étayez-vous votre conviction ? » Sur un fait crûment significatif, que voici : une des infirmières démissionnaires, celle qui ouvrit la marche, une Macaïste, donc non Française, a reçu aussitôt une grosse compensation, et a été .ommée à une place de 250 francs par mois, place que son ignorance absolue la rendait indigne d'occuper, place pour laquelle, elle se trouvait en compétition avec une autre femme qui, elle, instruit.e, Française, apte de tous points à occuper ce poste, n'avait que le défaut d'ignorer le chemin de la messe et celui du prêche.

Nous affirmons qu'il y a eu là un accord secret, une entente tacite, et que cette bonne femme a reçu sa place actuelle en récompense du service rendu à la mission, dans sa tentative pour prouver que la laïcisation est impossible.

Nous pourrions relever encore l'abstention systématique. la lenteur à préparer la laïcisation et l'acte de l'imposer sans l'avoir préparée, ce qui sous-entend qu'on veut bien la faire, mais en la vouant à un échec certain.

Mais il y a mieux. Il est, à Saigon. une Société dont nous n'avons ici à dire ni bien, ni mal ; elle est comme toutes les autres ; à côté d'hommes méritant toutes les sympathies, tous les concours, elle en compte d'autres qui sont moins sympathiques. C'est de la *Société des Métis* dont nous voulons parler. Il ne s'agit ici de discuter. ni son but, ni ses moyens.

Elle nous fournit seulement un nouveau fait. Depuis trois ans, cette Société poursuit le but de créer un Orphelinat laïque: les constatations faites à la Sainte-Enfance par Monsieur Béringuier, les protestations des membres laïques de la Société, la situation faite à ses pupilles à Chasseloup, qui obligea de les mettre à Taberd, tout faisait à cette Société un impérieux devoir, tout lui rendait nécessaire cette création d'un Orphelinat.

Arrive la première nouvelle du décret ministériel retirant les bourses aux établissements congréganistes. Il n'était dès lors plus possible d'éluder, de retarder cette création.

La Société le comprit et commença des démarches sans nombre pour obtenir de la colonie, qui versait à la mission des 100.000 francs par an pour les orphelins, un local et une subvention de 40.000 francs seulement, offrant de substituer son action laique à celle de la mission; ainsi qu'on peut le voir, la différence entre les deux sommes est grande.

Depuis deux ans, depuis six mois surtout, les démarches se sont multipliées. D'abord, pas de local. Enfin, il s'en trouve un, le logis du prince de Birmanie; à une demande adressée en vue d'obtenir ce logis, la Société se voit répondre que le logement est réservé à deux membres de la *Maison du Lieutenant Gouverneur de la Cochinchine* ! ce qui fait que voici les orphelins dans la rue et que rien n'est fait.

A quand une protestation indignée contre ces fonctionnaires républicains, sans entrailles, qui laissent mourir de faim, dans la rue, de pauvres orphelins ?

Après cela, la mission aura beau jeu à crier sur tous les toits, à faire claironner en France par toutes les trompettes de la renommée, qu'elle est indispensable. Ils feront la part du feu, soyez-en sûrs; ils auront soin de laisser de côté la question d'enseignement, mais cette modération voulue donnera plus de force encore à leurs paroles quand ils diront : « La charité est notre domaine; nous seuls pouvons nous acquitter à la satisfation générale. Voyez : les pauvres meurent de faim et d'abandon, on ne fait rien pour leur venir en aide. Les malades, privés des attentions des sœurs, abandonnés à des mains mercenaires, sont dégoutés, laissés sans soins. »

Tolèrerons-nous, libres-penseurs, laiques, qu'une comédie aussi impudente se joue sous nos yeux jusqu'au bout, et ne ferons-nous rien pour l'en empêcher. Il faut agir. Il faut que nous obtenions de nos législateurs, du pouvoir exécutif de la Métropole, un appui sérieux et efficace, il faut que l'on dissipe tous les espoirs malsains et qu'on redresse l'instrument de la loi et, si on ne le peut pas faire, le rejeter aux vieilles ferrailles.

Veut-on maintenant connaître, par le menu, le détail des subventions allouées aux sœurs dans les hôpitaux, sur les budgets de l'exercice 1906, de la Cochinchine, du Cambodge, du Tonkin et de l'Annam ?

Cochinchine

3 sœurs européennes à l'Hôpital de Choquan. .	Fr.	3.600	»
4 » » Th¹-Ngha .	»	4.800	»
2 » » Bien-Hoa .	»	2.400	»
2 » » My-Tho. .	»	2.400	»
2 » » Vinh-Long.	»	2.400	»
Total. . .	Fr.	15.600	»

On peut lire, dans la colonne observations : « Il n'a pas été
« possible de trouver des infirmières européennes laïques
« pour remplacer, dans l'intérieur, les sœurs employées
« dans les hôpitaux indigènes et la léproserie. Ce recrutement
« sera très difficile. »

Pour les hôpitaux ci-dessus, s'ajoute :

5 sœurs annamites à l'Hôpital de Choquan.	Piastres	1.000	»
2 » » Thi-Ngha	»	400	»
1 » » Bien-Hoa	»	200	»
2 » » My-Tho	»	400	»
1 » » Vinh-Long	»	200	»
Subvention aux sœurs de St-Paul de Chartres	»	11.000	»
2 sœurs européennes à la léproserie de Cu-Lao-Rong		1.021	27
1 sœur indigène » »		216	»
Total . .	Piastres	14.437	27

Quatorze mille quatre cent trente sept piastres 27 cens,
soit, en francs, au taux du jour : 39,702 fr. 49 centimes.

Cambodge

1 sœur supérieure.	Fr.	800	»
3 sœurs infirmières.	»	1.800	»
Indemnité de blanchissage aux sœurs	»	500	»
Indemnité à l'aumônier	»	750	»
Total	Fr.	3.910	»

Annam

4 sœurs françaises (hôp. de Hué et Thanh-Hoa) Fr. 4.800 »
1 sœur indigène à l'hôpital de Thanh-Hoa . . . » 800 »

TOTAL . . . . . Fr. 5.600 »

Remarquons la solde fantastique attribuée à la sœur indigène de Than-Hoa, qui est le double de la solde ordinaire.

Tonkin

Au Tonkin, dans l'établisssement du budget de l'exercice 1906, la franchise n'a pas dominé; la rubrique de sœurs européennes n'y figure pas, elle est remplacée par celle de « *Dames Surveillantes* »; celle de sœurs indigènes est remplacée par celle « *d'Infirmières* ».

Mais il est patent qu'il existe des sœurs indigènes et une sœur européenne à l'Hôpital d'Hanoi et, récemment, l'évêque, Monseigneur Gendreau, intervenait auprès du Gouverneur général intérimaire, Stanislas Broni, contre le Directeur de cet hôpital, qui, s'appuyant sur les arrêtés en vigueur et ayant besoin, pour les services de son établissement, du logement illégalement occupé par les sœurs, voulait les mettre dans l'obligation de restituer l'appartement induement occupé. Inutile d'ajouter qu'il n'a pas eu gain de cause avec Monsieur Broni.

La sœur européenne touche une solde de. . . Fr. 2.400 »
et les deux sœurs indigènes, 240 piastres, environ » 660 »
au taux actuel.

Il existe, en outre, deux sœurs européennes à Mam-Dinh, sœurs qui sont payées sur le budget provincial, et un certain nombre de sœurs indigènes, ce qui fait au total, pour le Tonkin, une somme de 6.500 piastres environ.

Mais nous ne faisons pas entrer en ligne de compte, la nourriture des sœurs, les frais de coolies, de pousse-pousse, de logement, d'éclairage et de blanchissage qui leur sont attribués.

Nous ne comptons pas, non plus, les frais occasionnés par

le séjour à l'hôpital de Lenessan à Hanoï, d'un aumônier non autorisé.

En somme, les budgets des différentes parties de l'Union Indo-Chinoise ont encore affecté, en 1906, la somme de 70.000 francs pour l'entretien des sœurs dans la colonie; ce chiffre est inexact, car nous avons laissé de côté un certain nombre de faux frais, qui monte, t bien à 10 ou 12.000 francs.

On a objecté l'impossibilité de trouver de infirmières laïques; c'est là un grossier mensonge, comme on a pu le voir; non seulement on trouverait facilement sur la place d'excelentes infirmières indigènes, mais encore des européennes dévouées, un certain nombre d'hôpitaux en Indo-Chine, fonctionnent admirablement bien ainsi.

Vous estimerez certainement comme nous, mes très chers frères, qu'il est temps que cette situation finisse, et vous joindrez, j'en suis convaincu, vos instances à celles des frères d'Indo-Chine, pour appuyer de toute votre force les vœux ciaprès qu'ils viennent d'émettre et qu'ils m'ont chargé de défendre dans la Métropole, pour leur prise en considération auprès du Grand Orient de France et des pouvoirs publics.

Tenue du 16 Aout 1906

« *Laïcisation définitive des hôpitaux de l'Indo-Chine.* »

Tenue du 17 Septembre 1906

La R.·. L.·. La *Fraternité Tonkinoise*, or.·. de Hanoï,

Considérant :

Que, dans la ville de Hanoi (Tonkin), les missions étrangères possèdent une fortune immobilière d'environ 8 millions de francs;

Que cette fortune est d'autant plus anormale, que le nombre de leurs prosélytes est plus faible;

Qu'il n'est pas douteux qu'elle est hors de proportion avec les besoins du culte;

Qu'en effet les dernières statistiques indiquent qu'il existe à Hanoi 2.500 Annamites catholiques sur une population de 100.000 indigènes;

Que les missions donnent l'enseignement, à Hanoi, dans deux grands établissements destinés : l'un aux garçons, l'autre aux filles;

Que ces établissements sont fréquentés par plus de 500 enfants, qui y apprennent à détester la République, ainsi que le prouvent les livres mis par les missionnaires, professeurs ou instituteurs, entre les mains des élèves;

Que les missions se désintéressent de l'enseignement du français ;

Qu'il résulte, notamment du procès-verbal de la séance ordinaire du Conseil colonial de la Cochichine, année 1902, p. 135 et 136, que ce Conseil a dû refuser la subvention de seize mille piastres qu'il leur allouait depuis vingt-cinq ans;

Que ce refus est ainsi motivé : « Le Conseil Colonial avait le « droit de compter qu'un résultat quelconque indiquerait que les « générosités de l'administration n'avaient pas manqué leur but. « Malheureusement, les documents officiels révèlent que cette « dépense est faite en pure perte et qu'elle ne laisse aucune trace « au point de vue de l'étude du français dans les Ecoles de la « Mission... »;

Que, par lettre du 13 Octobre 1902, adressée au Président du Conseil colonial, l'évêque Mossard reconnaît le bien fondé des griefs invoqués contre les missions et s'exprime ainsi : « J'estime « que l'enseignement du français à de jeunes enfants, dont beau- « coup quittent l'école à douze ans et dont l'avenir est de rester atta- « chés au sol, constitue un danger et une inutilité pour le plus « grand nombre : J'ai donc l'honneur de vous faire connaître que, « si cet enseignement doit être impératif pour toutes nos écoles de « l'intérieur, je ne puis en assumer la responsabilité »;

Qu'on ne peut donc pas dire que les missions rendent service à la colonisation et favorisent notre expansion ;

Qu'au contraire, l'immobilisation entre leurs mains d'une grosse part de la fortune de la colonie, constitue une entrave à la libre circulation des richesses et, par conséquent, un danger au point de vue économique;

Attendu, d'autre part, que les missions ne se bornent pas uniquement à un rôle confessionnel et commercial;

Qu'elles ne craignent pas, par l'intermédiaire de leur journal *l'Avenir du Tonkin*, de faire de la politique militante contre le gouvernement de la République et d'attaquer violemment et injustement l'Enseignement laïque organisé dans la Colonie ;

Que ces attaques, lues et commentées par les lettrés indigènes, sont de nature à porter un grave préjudice à notre influence et à nous créer de grosses difficultés;

Que le développement toujours croissant des missions, tant au

point de vue richesse immobilière qu'au point de vue enseignement et influence politique, constitue un danger pour la Colonie;

Emet le vœu :

1° Que la loi du 1er Juillet 1901, sur les associations, soit
promulguée en Indo-Chine ;

2° Que le Gouvernement prenne les mesures nécessaires pour
arriver à la suppression, dans le plus bref délai, de l'enseignement congréganiste dans la Colonie ;

3° Que la loi de séparation des Eglises et de l'Etat, du 9 Décembre 1905, soit promulguée, dans son entier, en Indo-Chine.

Le Vén ∴
Dr LE ROY DES BARRES

L'Or ∴   *Le Secr ∴*
H. MEIFFRE   J. SIMONIN

C'est dans le but de voir réaliser toutes ces réformes que
les Francs-Maçons coloniaux ont résolu d'écrire. de parler, de
faire connaître dans leurs milieux ce qui se passe là-bas, et,
en coordonnant leurs efforts. rendre vaine la coalition des
impuissances et des ambitions. enfin, assumer la tâche que
d'autres, faibles ou traîtres, ne veulent pas accomplir.

*_**

Les missionnaires espagnols et français se sont partagés
le Tonkin en deux parties à peu près égales, en prenant le
Fleuve Rouge, limite naturelle, comme ligne de démarcation
entre eux : les missionnaires espagnols, venus les premiers,
ont accaparé la rive gauche ; les missionnaires français, la
rive droite.

Les qualificatifs Espagnols et Français sonnent très mal
aux oreilles des Coloniaux, quand ils sont accolés au mot
missionnaire, car, dès qu'ils entrent dans l'ordre des missions
étrangères, ces prêtres abdiquent toute nationalité. Ne devant plus jamais revoir leur pays, leur Patrie c'est Rome !
leur Chef d'Etat. . . le Pape.

Rome appartient au Pape. C'est le refrain dont on nous
serine tous les jours les oreilles. Que les Romains de Rome,

des marchés de Civita-Vecchia et d'autres lieux, le veuillent
ou non, la question est réglée et bien réglée.

Cette donation — pardonnez-moi l'impropriété du terme
— j'allais dire escroquerie, remonte à Charlemagne.

Il paraît que c'est l'auteur des capitulaires qui s'est payé
cette petite fantaisie ; mais revenons à nos missionnaires.

Les missionnaires espagnols malpropres, ignares, ivrognes
et libertins, ont cherché, par tous les moyens possibles, à
contrarier l'influence française au Tonkin, dans le vain espoir
que nous l'abandonnerions un jour.

Depuis pas mal d'années déjà, leurs déceptions n'ont fait
que s'accentuer en tuant leur espérance de nous voir partir.

Leur intolérance est telle, qu'ils ont été jusqu'à faire pla-
carder à la porte de leur Eglise, à Haïphong, ville française,
« que l'entrée en était interdite à tous les Francs-Maçons ou
« gens ayant commerce avec les Francs-Maçons, ou affiliés à
« des sociétés secrètes. »

Le missionnaire espagnol que j'ai qualifié, il y a un instant,
de libertin, est un puissant agent de reproduction au Tonkin : le teint des Annamites diffère peu de celui des Gitanas.

A tort ou à raison, ils se prétendent relevés du vœu de
chasteté par Isabelle la Catholique et vous répondent, quand
on fait allusion à la chose en s'étonnant de leur entourage
féminin : « qué lou boune diou il défendait pas, de temps en
« temps, une petite fois, à conditionne qué lou personne il
« était consentante. » Or la femme annamite, même abstrac-
tion faite de l'autorité qu'a sur elle le missionnaire, est toujours consentante, car : ça lui est bien égal !

Aussi sont-ils très ennuyés quand un européen pénètre
dans leurs chrétientés et le reçoivent-ils souvent fort mal ;
qu'on en juge plutôt.

En 1887, les catholiques indigènes du village de Yên-Tri
(province de Quang-Yen) diocèse du Père F......, actuellement
évêque — « village réputé dans tout le Tonkin, avec Nam-
« Dinh et Haiduong, pour la beauté de ses Congais qui, pres-
« que toutes, ont le type espagnol » — tirèrent sur un fonctionnaire de la Résidence, qui chassait à trois cents mètres de la
haie de bambous ceinturant ce village.

Pressés par le Résident de la province de désigner le coupable, ils livrèrent aux autorités françaises un enfant de sept
ans porteur d'un étui de cartouche de fusil Gras, ficelé sur un

morceau de bambous d'environ trente centimètres. « Voilà lou pétite fousil ! » dit le père F...... !

C'était, prétendaient-ils, avec cet engin, qu'il avait tiré à trois cents mètres sur un Européen.

Le missionnaire français, qui soulève également nos critiques, ne vaut malheureusement pas mieux que son acolyte des missions espagnoles ; mais est beaucoup plus rusé, partant plus dangereux.

Comme lui, il n'enseigne aux indigènes qu'un latin de cuisine et un peu de quoc-ngû, harcelle à tout propos l'Autorité française de ses demandes de dégrèvements en faveur de ses fidèles et de leurs différends constants avec les bouddhistes. C'est l'avocat de l'Annamite catholique contre l'Annemite païen, qui, suivant un vieux proverbe du pays, est forcé, dans ces démêlés, de vendre son champ pour gagner au procès, le talus qui le délimite du champ voisin.

Dans les campagnes, les missionnaires accaparent la propriété annamite de la façon suivante :

Profitant des mauvaises récoltes ou des ravages de l'inondation, ils prêtent du riz aux païens pour ensemencer leurs rizières ; le riz mur au moment de la récolte, ils interviennent en réclamant la moitié de *la production* ; l'indigène ne pouvant admettre ce partage sans mourir de faim, est ainsi placé dans l'obligation de vendre son champ ; il préfère, généralement, accepter le baptême, et laisser son champ à la mission, dont il devient désormais le fermier, en cultivant son propre bien pour cette dernière qui le nourrit.

De deux maux il choisit le moindre, et c'est ainsi que les missionnaires font des prosélytes.

Ces agissements me remettent en mémoire un fait qui s'est passé en Annam vers 1885.

Thong-that-Tuyet, premier Régent de la Cour d'Annam, avait pris la fuite après le guet-apens de Hué, en emmenant avec lui le jeune roi Hanh-Nghi, qui vient d'épouser la fille d'un conseiller à la Cour d'Alger, et perd actuellement, au Casino de Vichy, la pension de 80.000 francs que lui fait la France.

Réfugié avec de nombreux partisans armés dans le haut Song Giang, il faisait, depuis près d'un mois, le siège de la mission catholique de l'endroit, véritable forteresse.

Le général Prud'homme vint avec sa brigade au secours

de la mission et demanda au Père P....d, missionnaire français de la Chrétienté de Ly-hoa, sise à l'embouchure du Song-Giang, de lui prêter les jonques de pêche de son village, pour remonter le fleuve et aller délivrer les missionnaires assiégés.

Le Père P....d répondit que les sampans étaient à la pêche, en mer, et qu'ils ne rentreraient pas avant plusieurs jours. Or, cette réponse était mensongère, car les sampans pêchent sur la côte, dont ils ne s'éloignent jamais jusqu'à perte de vue, et rentrent chaque soir, à la tombée de la nuit, à Ly-Hoa.

En vérité, ainsi qu'on a pu s'en rendre compte, par la suite, en interrogeant les patrons de jonques, le Père P....d leur avait ordonné de prendre la mer et de ne rentrer au port que quand il ferait battre le " tam tam ".

En présence de cette résistance, aussi opiniâtre qu'inexplicable, alors qu'il s'agissait de sauver, de la mort, des missionnaires français, le général Prud'homme donna l'ordre à un sergent d'infanterie de marine de passer le fleuve avec quatre hommes solides et de lui amener au camp, de gré ou de force, le Père P....d, ce qui fut fait immédiatement.

Le Général avisa alors ce missionnaire, qu'il réquisitionnait tous les sampans de sa Chrétienté, pour le transport des troupes, qui devait avoir lieu le lendemain matin, et qu'il le ferait fusiller, au petit jour, si les sampans et jonques n'étaient pas là. Puis il le congédia.

Le missionnaire promit les sampans et tint parole. Le motif de son refus nous fut connu seulement le lendemain matin : « mon Général, dit-il à notre chef, en nous voyant partir, songez « que *si vous " arriviez " après le massacre des Pères, nous « aurions six martyrs de plus à béatifier !* »

C'est beau la charité chrétienne !

Autre fait. — Le Père H...y, missionnaire français, en diocèse à Dong-Hoï (Annam), profitant du manque d'Autorité civile, gouvernait en maître, dans la région placée sous le commandement d'un officier gâteux et ivrogne, que sa parenté avec un ancien président de la République avait, seule, sauvé de la mise en réforme. « Le capitaine D -W., appelé communément " mon oncle " au Quartier-Latin. »

Le Père H...y, profitant de la situation, rendait la justice — à l'avantage des catholica, bien entendu, — percevait l'impôt, prélevait sur les récoltes pour approvisionner son grenier d'abondance, levait des coolies, etc., etc... ; bref ce bon Père était devenu la terreur des païens, taillables et corvéables à merci.

Les indigènes convertis, se sentant soutenus par le Père H...y, sûrs de l'impunité, se permettaient, vis-à-vis des païens, les pires exactions. Manquaient-ils de riz, vite ils pillaient sans vergogne les réserves du village voisin, qui avait refusé de se convertir au christianisme.

Les bouddhistes, armés de bambous pointus et de coupe-coupes défendaient-ils leur bien, qu'aussitôt, les catholiques criaient : " aux pirates " et allaient se mettre sous la protection de l'Autorité militaire qui, trompée, faisait feu sur les bouddhistes, venant reprendre leur bien aux catholiques. Partout les mêmes procédés, les païens, furieux, coupaient leurs haies de bambous pour s'en faire des lances, et marchaient contre les catholiques qui, après les avoir pillés, se renfermaient dans leurs villages.

Les bouddhistes étaient alors dénoncés par les catholiques comme pirates et châtiés comme tels, par l'Autorité militaire, dont la bonne foi, que je ne mets pas en doute, avait été surprise.

Le Père H...y ne dédaignait pas de prendre lui-même part à ces expéditions.

Les pieds et jambes nus, le cai-quan retroussé jusqu'aux fesses, comme les Annamites qui repiquent le riz, le ventre ceint d'une ceinture de cuir remplie de cartouches, le fusil à l'épaule et le révolver au côté, il partait, ainsi équipé, à la tête de ses ouailles, armées de lances, de coupe-coupes et de fusils à piston. C'est ainsi qu'il faisait du prosélytisme à main armée, appuyé par nos troupes, qu il guidait sur les villages païens signalés par lui comme rebelles.

Un jour, un sous-officier, conduisant un peloton, fut chargé de faire une reconnaissance cont' re un de ces village. Il était escorté par environ deux cents catholiques en armes.

En arrivant près de l'endroit signalé, il ne fut pas peu surpris de voir les habitants du village soi-disant rebelle, l'attendre, la lance à la main, mais sans toutefois manifester la moindre hostilité.

Les catholiques s'approchèrent d'eux et un vicaire annamite perça soudain de sa lance, sans aucune provocation de la part des bouddhistes, le chef du village païen, qui tomba mort à ses pieds.

Ce fut le signal du pillage ; les catholiques se ruèrent sur les païens qui s'enfuirent, pénétrèrent dans le village, volant meubles, vaisselle, poules, porcs, bœufs et buffles, qu'ils entassèrent à bord des jonques, que le Père H...y, avait eu la bonne précaution de leur envoyer par le fleuve.

Bientôt, une fumée épaisse se détacha du chaume des maisons du village, que les catholiques venaient d'incendier.

Le sous-officier n'hésita 'plus ; envoyé pour réprimer la piraterie, peu lui importait la religion des pirates, et il commanda deux feux de salve sur les pillards. Une trentaine de catholiques du Père H...y restèrent sur le terrain, beaucoup furent blessés, les autres s'enfuirent.

A son retour, le sous-officier en rendit compte à ses chefs, qui en informèrent aussitôt l'évêque, lequel s'empressa de soustraire le Père H...y aux tribunaux consulaires, en l'envoyant en villégiature à Hong-Kong, d'où il ne revint jamais plus au Tonkin.

J'ai déjà dit, précédemment, que le missionnaire est souvent, pour le colon, un concurrent redoutable ; les curés annamites sont, pour la mission, de précieux auxiliaires qui dirigent leurs plantations, leurs exploitations, trafiquent, organisent des grèves de sampaniers, paralysent la main-d'œuvre du colon et entravent son négoce, s'il est de nature à porter un préjudice quelconque à leurs intérêts.

A Vinh (Annam), un des nôtres, le frère Pognet, réclamant son boy, détenu, cadouillé, puis ficelé à un poteau de la cure par le missionnaire français, s'est vu, à son tour, bousculé, frappé et menacé d'un révolver par cet ecclésiastique.

Le frère Pognet, ruiné par la mission, ne put jamais se faire rendre justice et mourut finalement, deux ans plus tard, de chagrin et de dégoût.

A Ké-Sat, près de Haïduong, en plein Delta, le missionnaire espagnol C.....o, réquisitionne de force, pour son usage personnel, la jonque d'un païen, appelé à la Résidence pour

un transport de troupes et de munitions. L'indigène persiste
à vouloir exécuter l'ordre reçu de l'Administration française.
Le père C.....o, furieux, monte alors à bord de la jonque,
arrache le pavillon tricolore qui flottait à l'arrière et le piétine
devant tous les indigènes, en disant en annamite au sampa-
nier : « Voilà ce que j'en fais, des ordres de ton Résident de
France ! »

*
* *

Pendant plus de dix ans, les fonctions d'aumônier de
l'hôpital de Haïphong, furent confiées au père P.....i, *italien*
cupide et avare, brocanteur à la salle des ventes, prêtant avec
usure aux décavés de la dame de pique. Ce vieillard de
soixante-cinq ans était, paraît-il, si entreprenant, que les
sœurs de l'hôpital refusèrent de se confesser à ce prêtre
homéopathe, voulant effacer le mal par le mal.

*
* *

Hanoï n'était guère mieux partagé; son aumônier, le
père L.......i, était un sodomiste obèse, qui attirait chez lui
les jeunes soldats imberbes, qu'il comblait des dons des
Dames de France, en cherchant ainsi à assouvir sur eux ses
actes de bestialité.

Désirez vous d'autres exemples ?

A Ké-Sô, dans la province d'Hanam, le Procureur de la
mission, le père B......e vend 300 francs, à un Européen, une
Annamite catholique, avec laquelle il le marie religieusement,
sans qu'il y ait eu, au préalable, mariage civil. Le fait est
indéniable : l'Européen, aujourd'hui. surveillant des travaux
publics, a en sa possession le reçu des 300 francs.

Le couple franco-annamite a été, peu de jours après, pré-
senté devant moi, à Ké-So. par l'évêque Gendreau, à
M. et Mme de Lanessan, et moi, j'ai été déplacé, pour faire
cesser ainsi les poursuites que j'avais entamées contre le
père B......e.

Je sais bien que le père B......e prétend, aujourd'hui, que
cette somme n'était pas pour la vente de la femme annamite,
mais bien pour la célébration du mariage religieux. Ah ! le bon

billet ; que dites-vous de cette bénédiction nuptiale d'un Européen et d'une Annamite, qui coûte 300 francs ! Que pensez-vous de ce Procureur de la mission — joli titre, bien approprié à l'histoire, ma foi, — qui fait des mariages religieux sans qu'il y ait eu, au préalable, mariage civil, et de cette administration qui arrête les poursuites contre un missionnaire qui a contrevenu à la loi et donne tort à son représentant?

Mais tout ne s'arrête pas là.

De cette union purement religieuse, peu après naquit une petite fille, qui mourut sans avoir été baptisée. Ces mêmes missionnaires français, qui avaient vendu la mère 300 francs, refusèrent de laisser enterrer le corps du bébé dans le cimetière de la mission, sous prétexte qu'il n'avait pas été baptisé.

Ils obligèrent alors le père, ancien sapeur du génie, compagnon d'armes de Bobillot, décoré de la médaille militaire, à descendre en jonque le cadavre de son enfant jusqu'à Phü-Ly, siège de la Résidence, pour l'inhumer au cimetière européen.

Je dois avouer cependant, qu'aujourd'hui, ces faits révoltants ne se reproduisent plus que de loin en loin. Mais les missionnaires espagnols et français n'en continuent pas moins à agir sourdement contre nous, s'efforçant d'exciter le fanatisme des indigènes.

Gambetta a dit : « Le cléricalisme, voilà l'ennemi ! » Il a dit vrai, mais Jules Ferry s'est trompé, quand il a avancé que ce même cléricalisme n'était pas un article d'exportation, car, actuellement, c'est la plaie de toutes nos colonies.

Au Tonkin, le missionnaire, c'est trois fois l'ennemi :

L'ennemi de l'indigène et du colon ;
L'ennemi de nos institutions Républicaines ;
L'ennemi de la Patrie toute entière.

Voilà ce que je me fais fort de vous démontrer.

DU ROLE DES MISSIONS CATHOLIQUES

en INDO-CHINE

Introduction.

Les missionnaires se posent en pionniers du progrès et de la France.

De prime abord, cela parait invraisemblable.

Quant au progrès, le prêtre a toujours âprement défendu contre lui, pied à pied, toutes les erreurs politiques ou sociales.

Il ne nie plus, devant Galilée, le mouvement de la terre, mais s'obstine, devant Charcot et ses élèves, à voir une intervention diabolique dans les fameuses expériences de la Salpétrière.

Il ne refuse plus les pompes funèbres de son église aux comédiens, mais les refuse au citoyen que la crémation doit réduire en cendres. Des siècles seront nécessaires pour lui faire accepter le divorce. Oui, vraiment, on se figure difficilement, et non sans peine, un tel homme dans le rôle de champion du progrès.

Et, quant à la France, elle n'est jamais, en tout cas, qu'une seconde patrie pour les missionnaires, dont la première est à Rome.

Souvent même, elle n'a pas, dans leurs préoccupations, cette humble place, car, soit par eux-mêmes, soit par les chefs dont la volonté se substitue à la leur, ils sont presque toujours étrangers.

Le supérieur des Jésuites est actuellement l'allemand Wern, qui vient de succéder à l'espagnol Ludovic Martin. Le chef des Dominicains est un espagnol, du nom allemand de Fruhuwirh. Le supérieur général des Franciscains est le prussien Aloyse Lauër.

Les noms seuls des directeurs des différents autres

Ordres sont suffisamment édifiants, au même point de vue. Cacciari et Bénédetto Nisser (Barnadites); Raus et Omen (Rédemptoristes); Hildebrant (Bénédictins noirs), etc., etc.

Pour que les missions constituent, comme on le dit, une œuvre essentiellement française, il faudrait donc que les missionnaires trahissent leurs chefs ou que ceux-ci trahissent leur pays.

Cela n'est guère probable.

Et l'étude des faits prouve bien que nos suppositions sont exactes. On va voir quels services les missionnaires, même français, rendent à la France et à la civilisation, en pays étranger et dans nos Colonies et Protectorats.

Evangélisation à l'Étranger.

Comment les missionnaires s'y prennent-ils pour opérer des conversions ?

Ce qui caractérise leur méthode est une douceur, une souplesse, voire même une humilité, dont ils sauront, d'ailleurs, bien se rattraper plus tard, quand la conquête du pays aura pacifié, sinon asservi, ses habitants.

Le missionnaire en Chine, non seulement ne heurtera pas de front les croyances religieuses des Chinois, mais ira jusqu'à s'habiller comme eux. Il ne les menacera pas des foudres du ciel s'ils refusent de se laisser baptiser, mais les séduira par d'avantageuses propositions pécuniaires.

Un exemple : Dans l'Empire du Milieu, ce n'est point métaphoriquement que les criminels paient leurs dettes à la justice, mais en espèces sonnantes et trébuchantes.

Aussi, l'intervention des missionnaires arrache-t-elle facilement à la prison ou au supplice, nombre de larrons qui viennent ensuite grossir le troupeau de leurs ouailles.

Quand les puissances, après avoir exigé de la Chine, dans le traité de 1860 « *l'engagement de ne pas molester les chré-* « *tiens indigènes pour cause de religion* », sont ensuite intervenues de ce chef, savaient-elles ce qu'étaient généralement leurs protégés ?

« Des gens tarés, d'anciens pirates ou même des bandits « en exercice, pourchassés par les autorités locales, ou encore

« des individus de mauvaise foi, engagés dans des procès
« scabreux, soit contre des membres de leur propre famille,
« soit contre des tiers qu'ils avaient lésés, presque toujours
« mus, en demandant au missionnaire de les inscrire parmi
« leurs fidèles, par un mobile intéressé » : celui d'échapper,
dans une grande mesure, à l'action de la justice, trop souvent
vénale et boîteuse des mandarins et de se faire protéger
devant les tribunaux locaux par le missionnaire, qui, lui-
même, ne se fait pas faute, le cas échéant, de faire appel,
pour défendre ses chrétiens soi-disant persécutés, à l'influence
du Consul.

Les bons Pères ne sont donc pas plus difficiles sur le
choix de leurs recrues, que sur les moyens de les enrôler. Et
jamais ils ne se départissent, vis-à-vis d'elles, d'une évangélique mansuétude.

Mais, vienne le jour de l'intervention européenne et, fort
de l'appui des Lebel et des Mauser, plus d'un missionnaire
sentira couler dans ses veines le sang de ces prêtres qui, à la
suite des Conquistadores, massacrèrent, en Amérique, des
peuplades entières d'infidèles. Nous en verrons tout à l'heure
des exemples.

Services rendus à la France.

C'est de deux façons que les missionnaires pourraient lui
être utiles :

En la faisant aimer et en répandant sa langue.

Voyons d'abord ce second point :

Jamais, au Siam, ils n'ont voulu apprendre le français à
leurs élèves. Ils aimaient mieux leur apprendre l'anglais.
Comment en eut-il pu être autrement, quand, au moment des
difficultés qui s'élevèrent entre ce pays et la République,
l'évêque et ses administrés affectaient de se détacher momentanément d'une nation mal vue par le roi de Siam ?

Ils faisaient toutes leurs réserves au sujet de leurs relations avec la France et déclaraient que, si en tant que
Français, et malgré leurs vœux d'abandon, ils ne pouvaient
oublier leur pays d'origine, ils ne dépendaient, au point de
vue administratif, que d'une façon tout à fait indirecte de

l'Autorité française constituée au Siam, tandis qu'ils relevaient directement de l'Autorité papale de Rome.

Pour bien accentuer cette prétention, ils refusaient de faire inscrire à la Légation de France, comme protégés français, les Annamites catholiques dépendant de leurs diocèses, lesquels, quoique établis depuis longtemps au Siam, sont d'origine cochinchinoise.

Hier, alors que nos relations avec le Siam devenaient tellement tendues qu'une rupture était à craindre, les missionnaires affirmaient encore qu'ils n'avaient, avec la Légation de France, que des relations de courtoisie.

Remarquons, en passant, que si, contrairement à leurs habitudes, ils ne semblaient pas se soucier de nous voir conquérir le pays, c'est que cette conquête leur est inutile pour assurer leur fortune et leur autorité. C'est chose déjà faite.

Au Siam, par l'intermédiaire des Annamites chrétiens avec lesquels ils ont fondé une des colonies les plus importantes de cet Etat, les missionnaires possèdent environ le tiers des plus fertiles rizières, qui font de la vallée du Menam un grenier d'abondance pour la race jaune.

Ils tiennent ces biens immenses de la protection efficace que, depuis de longues années, ils ont reçu de notre Gouvernement, ainsi que des libéralités de la dynastie qui règne actuellement au Siam.

« *La Chine n'a pas, en ses pasteurs catholiques, de* « *meilleurs maîtres de français* »; mensonges que j'établis irréfutablement par quelques faits, pris au hasard entre mille :

En Octobre 1899, le croiseur « Pascal », mouille à Thin-Hay (archipel du Chu-San), visite du commandant et de quelques officiers du bord, à la mission française et a l'hôpital dirigé par les sœurs françaises de St-Paul de Chartres. L'évêque, Monseigneur Reynaud, venu en jonque de Ning-Pô, arrive à la mission et invite le commandant et les officiers à l'accompagner au séminaire, où ces messieurs sont reçus par trois missionnaires français, qui leur font visiter les classes.

A la grande surprise de tous, on constate que les livres et les cahiers des élèves sont imprimés ou rédigés en latin et en chinois. Pas un mot de français. Le directeur, interrogé, répond que le latin étant très long et très difficile à enseigner à ses élèves, le temps lui manque pour leur apprendre le français !

A Nanking, comme à Chin-Kiang, où le couvent était dirigé par le père Joret, il nous fut impossible de nous faire comprendre, même par les élèves de la mission, qui étaient très nombreux, une centaine au moins.

Dans la province de Canton, on a vu, récemment encore, Monseigneur Chausse, interdire à ses missionnaires l'enseignement du français, dans la crainte que les jeunes Chinois, connaissant notre langue, n'entrent trop facilement en rapport avec notre colonie d'Indo-Chine, où résident tant d'incroyants ! (500 Francs-Maçons environ).

Dans le Levant, les missionnaires se soucient d'autant moins d'enseigner le français, qu'eux-mêmes reconnaissent se soucier peu de la France. En Syrie. voici comment s'exprime le père Latin, recteur de l'Université des Jésuites de Beyrouth, université subventionnée par le gouvernement de la République : « *La France a fondé cette Faculté pour faire* « *introduire son influence en Syrie, mais notre principal* « *but, à nous, est de faire de vous de bons catholiques.* »

D'ailleurs, fort peu de membres des missions sont français.

S'ils n'enseignent point notre langue, les missionnaires conquèrent-ils, du moins, des sympathies à notre pays ?

Pas davantage.

Au contraire, même.

En effet, si à l'étranger, du moins en certains pays relativement peu civilisés, ils n'ont garde d'attaquer trop brutalement les croyances des indigènes, le seul fait de professer une doctrine religieuse nouvelle, les rend suspects aux yeux de ceux-ci.

Bouddhistes ou fétichistes, ne peuvent accueillir qu'avec froideur, sinon pis, des hommes venant prêcher un Dieu ennemi de leurs autels. Ils les voient venir avec défiance et, parfois, avec colère. Et une bonne part de ces sentiments rejaillit sur le drapeau de la nation à laquelle appartient et dont se réclame l'apôtre.

Les Chinois, par exemple, ont le culte de leurs parents défunts et cela, dans toute la force du terme, puisqu'ils les honorent selon certains rites. Dans chaque famille, même la plus humble, on conserve une tablette sur laquelle sont gravés les noms des ancêtres; c'est une sorte de tableau généalogique, dont tous les membres de la famille sont fiers, et devant lequel ils viennent régulièrement, et à époques fixes, s'incliner et brûler des bâtonnets d'encens, en l'honneur de leurs grands parents et arrières-grands-parents.

Les missionnaires, trompés par le caractère rituel de ces cérémonies et oubliant les soins, si naturels, dont nous-mêmes, en Europe, nous nous plaisons à entourer la tombe des nôtres, crurent que les Chinois divinisaient leurs morts.

Leurs pratiques, qui rappelaient, d'ailleurs, celles du paganisme, leur parurent impies. Et ils le dirent. Et, quelques ménagements qu'ils prissent pour le dire, ce fut leur assertion qui, elle-même, parut impie aux Chinois.

Attaquer le culte des ancêtres était, à leurs yeux, attaquer ceux-là même à qui on le rendait. Et des soulèvements sans fin, contre les blasphémateurs, obligèrent l'Europe à ce qu'on a appelé « *la politique des canonnières* ».

A chaque instant, l'une après l'autre et, parfois, toutes ensemble, les nations civilisées durent intervenir, pour calmer, à coups de fusils, les passions populaires qu'avaient imprudemment éveillées et surexcitées les missionnaires.

Fomentation de troubles.

Il arrive même, dans certains cas, que les missionnaires provoquent « *exprès* » ces explosions du sentiment religieux indigène. Cela dépend des bénéfices matériels et moraux qu'ils espèrent de l'envoi d'une escadre et de la conquête à main armée qui suivra.

Sous l'Empire, l'amiral Rigaud de Genouilly n'hésita pas à rendre les missionnaires responsables des commencements difficiles de la campagne de Cochinchine.

En effet, d'après ce témoignage peu suspect de partialité contre les moines, ceux-ci ont fourni, au Gouvernement, de faux renseignements sur les ressources du pays, sur le pouvoir des mandarins, sur la salubrité du climat, etc., etc.

Voici comment s'exprime, à ce sujet, Georges Perrin, dans son discours de 1882, au cours de la discussion du budget :

« Pour moi, il est patent que les intéressés ont voulu

« engager le Gouvernement, sachant bien, qu'une fois engagé,
« il lui serait bien difficile, sinon impossible, de reculer. »

« Nos soldats meurent, décimés par la maladie ; que font
« les moines ? — Ils vont au secours des Annamites chré-
« tiens. Quand l'expédition est engagée, l'Amiral quitte Tou-
« rane pour s'emparer de Saïgon. Dès lors, l'hostilité éclate
« complète.

« Ce que Votre Excellence aura peine à croire, c'est que
« cette expédition de Saïgon, sollicitée, il y a un mois, par
« Monseigneur Pellegrin, a été, de la part de ce prélat, dès
« qu'elle a été résolue, l'objet des attaques les plus malveil-
« lantes, des récriminations les plus vives. et ce, en prêchant
« publiquement dans le carré des officiers. »

(29 Janvier 1859). Signé : Amiral Rigaud de Genouilly.

Et quels intérêts prétendait servir Monseigneur Pellegrin ?

Les intérêts d'un Père espagnol, qui rêvait de donner le
Tonkin à l'Espagne !

Mais cédons la parole à nos témoins :

« — La situation se tendait tellement, ajoute l'Amiral, que
« j'ai été sur le point de faire saisir Monseigneur Pellegrin et
« le faire conduire à Hong-Kong. »

Puis, au moment de faire la paix, l'Amiral ajoute :

« Je vais chercher, conformément aux ordres de Votre
« Excellence, à nouer des relations avec les autorités anna-
« mites, dans le but de conclure un traité……. mais, tout
« d'abord, nous rencontrerons des difficultés très grandes,
« créées encore par les missionnaires.

« Un traité avec les Annamites, si avantageux qu'il fut,
« ne satisfairait pas les désirs de ces messieurs; ils aspire-
« reraient à la conquête du pays et au renversement de la
« dynastie. Monseigneur Pellegrin l'a déclaré maintes fois et
« j'ai trouvé les mêmes idées chez Monseigneur Lefèvre. »

L'Amiral conclut ainsi :

« On m'accusera peut-être de prévention et de mauvais
« vouloir, mais je croirais manquer à la confiance que vous
« daignez me témoigner, si je ne vous déclarais pas fran-
« chement, qu'à mon avis, les ecclésiastiques opérant en
« Cochinchine, sacrifient les intérêts de la France à leurs
« vues particulières. »

Exploitation de l'intervention.

Nous voyons que les missionnaires se soucient moins de leur pays que des intérêts en vue desquels ils amènent celui-ci à intervenir.

S'ils fo   ssi bon marché de leurs compatriotes, on pense bien qu'ils ne se gênent pas avec les indigènes. Une fois sous la protection des bataillons européens, ils prennent amplement leur revanche des mépris et des contradictions jusque-là supportés avec une prudente patience.

L'autoritarisme, propre aux professeurs de dogmes, se donne libre cours.

Les dragonnades, qui déshonorèrent le règne de Louis XIV, ne furent pas le dernier exemple de ce mode d'évangélisation, auquel nous devons les Croisades.

La toute récente affaire de Chine ne le cède pas aux plus sanglantes équipées religieuses que rapporte l'histoire.

Les missionnaires ne reculent devant rien pour asseoir leur domination morale et leur fortune pécuniaire, dans le pays qu'ils livrent aux horreurs de la guerre.

Quelques extraits du rapport du général Voyron, commandant les troupes françaises en Chine, suffiront à vous édifier sur ce point :

« Le 17 Août, les digues de la discipline sont sourdement « rompues, par l'exemple du pillage collectif des moines, « sous la direction du père Favier. »

Ce père Favier, chacun le sait, était l'évêque apostolique lui-même, chef des missions et chevalier de la Légion d'honneur.

« Devant le palais du prince Lî, arrive un long convoi de « charrettes et de voitures, sous la direction du père Favier « et de moines, escortés de trois à quatre cents chrétiens « indigènes, ainsi que de soldats et de matelots français. « *Ils se font les déménageurs dans l'intérêt du Ciel!* »

Le général Voyron évalue à 600,000 francs le bénéfice réalisé par les moines.

Soldats et matelots reçoivent un chèque de 200 francs sur la congrégation de Saint-Vincent-de-Paul.

« Dès la levée du siège, rapporte le reporter Gaston

« Stiégler, dans le *Français*, les missionnaires conduisent les
« soldats dans la maison des banquiers qu'ils connaissent et
« où se trouvaient déposés des lingots d'or; ils les faisaient
« accompagner dans les bons coins, par leurs élèves ou par
« des Chinois convertis, qui accomplissaient leur œuvre pie
« en aidant à dévaliser leurs compatriotes et en donnant aux
« bons Pères un argent qui allait être employé maintenant à
« de saints usages. »

« On a découvert, sur un soldat mort à bord d'un navire
« rapatriant une partie des troupes, un chèque de 60.000 francs
« signé : † Favier. C'est le signe que l'on retrouve sur,tous
« les chèques signés par les missionnaires. » (Rapport du
général Voyron).

Du reste, ainsi que je l'ai dit plus haut, un de ces chèques,
d'une valeur de 560 francs, a été affiché dans la salle des
dépêches de *l'Indo-Chine Républicaine*, journal de la Loge
de Hanoi, et est, depuis la suppression de cet organe, scellé
dans le mur des parvis du temple de la *Fraternité Tonkinoise*.

Le *Savoyard*, du 28 février 1901, raconte comment le
général Bailloud, après quelques résistances, finit par
envoyer une colonne du côté de Chen-Chen, escortée par le
jésuite Ducrey, qui disait aux soldats : « Brûlez ce village,
il ne « nous a pas payé l'impôt. Respectez celui-là, il s'est
soumis. »

Lors de la conquête de nos colonies d'Extrême-Orient,
choses ne s'étaient guère passées autrement.

On a vu la part prépondérante qu'avaient pris les missionnaires dans l'expédition de Cochinchine. On ne s'étonnera
donc pas d'apprendre qu'ils possèdent, aujourd'hui, le quart
des terrains cultivables de ce pays.

De même, lors de la conquête de l'Annam et du Tonkin,
à la suite du passage de nos colonnes, ou des bandes qui
luttaient contre nous, de nombreux villages avaient été
abandonnés par leurs habitants, et leurs terres étaient restées
incultes. Les papiers de familles, les testaments, les titres de
propriété, les registres de la commune avient été perdus,
volés ou brûlés, ce qui, au moment où la tranquillité fût définitivement établie, rendit très difficile, aux légitimes propriétaires, la revendication de leurs droits. Beaucoup d'entre eux
étaient, en outre, passablement compromis vis-à-vis du

Protectorat par l'aide, plus ou moins déguisée, qu'ils avaient donnée aux chefs de bandes, nos adversaires.

Cette situation spéciale a permis, à la mission, de s'emparer de quantités considérables de terres, grâce souvent à des manœuvres odieuses, que lui permettaient sa longue et parfaite connaissance du pays et de la langue, et surtout la possession des listes complètes de ceux qui, à un titre quelconque, s'étaient compromis avec le parti de la résistance.

Il est établi aujourd'hui que, dans la plupart des cas, les missionnaires n'ont renseigné l'administration et l'armée, qu'autant que cela servait leur sécurité personnelle, ou leurs intérêts particuliers.

On pourrait citer tels chefs de bande qui, pendant longtemps, ont, comme je l'ai déjà dit, trouvé un refuge pour eux et leurs hommes, dans les chrétientés, tels autres qui n'ont pu faire leur soumission aux autorités françaises, qu'après l'avoir d'abord fait agréer par la mission.

Voulez-vous avoir une idée des résultats de cette exploitation ? Jetons un coup d'œil sur le plan (1), par exemple, de la capitale même du pays exploitée, Hanoi.

Le sol de cette ville, bâtie sur un marais, est, en certains endroits, détrempé et, en d'autres, sec. Ces derniers, plus sains, valent évidemment plus cher (jusqu'à 150 francs le mètre carré), et, n'en moins naturellement, presque tous appartiennent à la mission qui, dans le dépècement de la cité et par s moyens illicites que j'ai indiqués par le menu, s'est taillée la part du lion.

Veut-on, ailleurs qu'en Indo-Chine, pays riche et nouvelement conquis qu'attire la voracité de ces corbeaux, un autre exemple de la désinvolture avec laquelle les écclésiastiques s'adjugent les meilleurs morceaux des pays étrangers, au moment où nous y plantons notre drapeau ?

Mananjary est un port de mer sur la côte orientale de Madagascar. Les droits de douanes s'y élèvent actuellement à plus d'un million de francs par an. Or, en plein centre commercial de Mananjary, se trouvait un terrain bordant d'un côté la mer, et de l'autre, la principale rue.

Il appartenait à la colonie, qui pouvait le concéder par

---

(1) Ce plan dressé par mes soins a été envoyé au Grand Orient. Les propriétés que possède la mission y sont teintées en violet, couleur évèque.

voie d'adjudication, ce qui lui aurait rapporté un joli bénéfice.

Les jésuites, gens pratiques, en demandèrent la concession gratuite sous prétexte de construction d'une école. L'administration voulut bien croire au caractère utilitaire de l'entreprise et concéder le terrain.

Croyez-vous que les Pères commencèrent à construire l'école? Pas si bêtes; le Comptoir d'Escompte désirait établir une succursale à Mananjary, les jésuites vendirent à cette Société, le terrain à eux donné pour la construction d'une école et encaissèrent de ce chef la somme de 14.480 francs.

Pour une bonne affaire, en voilà une, n'est-ce pas? ils vendaient ce qui n'était pas à eux.

Les commerçants eurent beau protester, réclamant, de l'administration, le retrait de la concession pour non exécution des engagements contractés, demandant l'annulation de la vente faite par les jésuites au Comptoir d'Escompte et la mise en adjudication publique du terrain ! Plaintes sur plaintes, requêtes sur requêtes, rien n'y fit. L'administration fit la sourde oreille et les jésuites gardèrent les 14.480 francs.

Mais n'anticipons pas sur une autre colonie; un colonial de Madagascar se chargera, certainement mieux que moi, de vous dévoiler, preuves en mains et avec des faits précis comme exemple, les agissements des missionnaires à Madagascar, comme je viens de le faire moi-même pour l'Indo-Chine.

Nous venons de voir le missionnaire en pays étranger. Il nous reste à voir maintenant comment, dans les pays devenus les nôtres, il s'y prend pour perpétuer son œuvre préparée par la douceur et fondée par la violence.

Les Missionnaires et l'Autorité
dans nos Colonies et Pays de Protectorat.

Avoir les fonctionnaires dans leurs mains et détenir, en fait, par eux l'autorité que ceux-ci exercent en droit, tel est le premier but des missionnaires. Et les circontances leur permettent très naturellement de l'atteindre, Militaires ou civils, les représentants de la Métropole ignorent ordinairement presque tout, du pays où ils arrivent.

Langue, usages et coutumes, règles d'hygiènes, et même topographie, ne leur sont tout au plus connus qu'en théorie et la pratique de tant de choses nouvelles, sinon étranges, est bien faite pour les démonter au premier abord. Mais un conseiller s'offre immédiatement à eux. C'est le missionnaire, pour lequel la région qu'il évangélise depuis de longues années, est devenue une seconde patrie et son habileté ecclésiastique aidant, il a vite fait de rendre indispensables, aux nouveaux venus, ses réelles et précieuses connaissances.

Et quand le fonctionnaire n'a plus rien à apprendre de son professeur, l'habitude et l'amitié continuent ce qu'avait commencé la nécessité. Et la part du délégué de la théocratie romaine reste la même dans les décisions que prend le délégué de la République Française.

Ajoutons que ce dernier n'a que rarement besoin de faire violence à ses sentiments, pour accepter la collaboration imposée par les événements.

Les fonctionnaires cléricaux ne manquent pas dans nos possessions d'outre-mer, où ils ont le bonheur de pouvoir servir la religion avec une liberté, une autorité inconnues en France.

Nous parlons de l'élément civil.

Quant à l'élément militaire, dont tant de personnalités sont acquises aux idées catholiques, et ont, en ces pays lointains, un pouvoir presque discrétionnaire sur leurs subordonnés, on n'a pas besoin de dire le puissant concours qu'il apporte à l'œuvre des missions.

En France même, les soldats sont fatalement influencés par l'attitude religieuse militante d'un supérieur.

Il n'en peut être autrement en Indo-Chine.

Et que supposer des indigènes qui, eux aussi, sont embrigadés sous les ordres d'officiers français, en la personne desquels ils voient des maîtres doublement puissants et respectables, leurs vainqueurs d'hier et leurs chefs d'aujourd'hui ? Ils les voient à Tuyen-Quang, par exemple, se presser chaque dimanche, dans la chapelle de la citadelle.

Comment, même sans qu'aucune pression fût faite sur eux, le seul désir de flatter, si naturel aux faibles, ne les ferait-il pas se livrer, eux aussi, aux pratiques du culte catholique ?

Comment n'accueilleraient-ils pas, ainsi que des lois indiscutables, les conseils des missionnaires, quand les gradés de l'armée lui en demandent eux-mêmes.

Il arrive parfois que le fonctionnaire se refuse à subir les influences de la mission. Celle-ci ne songe alors qu'à se débarrasser de lui et, pour y arriver, elle met au besoin tout en œuvre.

Il y a plusieurs années, dans une province dépendant des missions espagnoles, un Résident eut à sévir contre un prêtre indigène. Presqu'aussitôt, il fut déplacé et envoyé dans une province moins importante, sans qu'aucune raison sérieuse de service motivât cette mutation. Ce déplacement était le résultat des manœuvres de la mission auprès de l'autorité supérieure du moment.

Un Résident avait osé toucher à un prêtre coupable, il fallait une sanction aux yeux de la population et pouvoir représenter, à l'esprit public, ce déplacement comme un désavœu et une réparation donnée à la mission.

En 1893, à Thu-Phap (province de Sontay), le prêtre indigène catholique, r présentant du missionnaire, était arrivé à inspirer une crainte telle que les mandarins provinciaux n'osaient pas faire exécuter les ordres de convocations, ni même les jugements du tribunal résidentiel.

Le mandarin local préféra se laisser révoquer, que de remplir son devoir contre la volonté du prêtre indigène.

L'intérimaire qui lui succéda dut être, à son tour, relevé dans les mêmes conditions.

Un quang-huyên, jeune et énergique, fut alors nommé. Il essaya de remplir son devoir en se soustrayant à la domination du curé. Celui-ci mit alors tout en œuvre pour le faire révoquer.

Un grand repas fut donné réunissant, avec le prêtre indigène, tous les gens de son parti, chefs de canton, maires et notables, qui étaient ses créatures. On arrêta le plan de campagne. Une souscription ouverte, pour en couvrir les frais, produisit deux mille piastres (un peu plus de cinq mille francs), et une délégation fut envoyée pour agir auprès des diverses autorités de la Cour et de la Résidence supérieure.

Le Résident de la province parvint, momentanément et à grand peine, à déjouer ces manœuvres.

Aussitôt après son départ, la campagne recommença, et · le malheureux fonctionnaire annamite ne tarda pas à connaître la grande puissance du curé indigène, auquel il avait osé résister. Il fut relevé brutalement de son poste et dégradé.

Au cours des dernières années, dans une province voisine de Hanoï, un assez grand nombre d'indigènes. à l'issue des manœuvres habituelles, s'étaient fait chrétiens, soit par crainte, soit par intérêt. Quelques-uns d'entre-eux, qui ne s'étaient convertis qu'avec la plus grande répugnance, demandèrent au Résident s'il leur était permis de revenir au culte de leurs ancêtres. Il leur fut répondu que la liberté religieuse était absolue pour tous et qu'il ne pouvait dépendre que d'eux de rester chrétiens ou bouddhistes.

Le jugement précité et les défections qui s'en suivirent provoquèrent un déchaînement de toute la mission, qui cria à la persécution. L'Evêque demanda l'intervention du Résident supérieur, qui couvrit de son autorité son subordonné, après s'être assuré qu'il avait agi conformément à la justice.

Quelque temps après, ce Résident supérieur, par intérim, partait en congé ; aussitôt qu'il fut arrivé en France, les journaux cléricaux publièrent, à grand fracas, une lettre de l'Evêque de Hanoï (Monseigneur Gendreau) à l'Evêque Freppel, dans laquelle ce Résident supérieur était accusé d'avoir mis l'Autorité française au service d'une persécution religieuse et, surtout, d'être cause, par son incapacité, de l'état de piraterie et des troubles politiques qui agitaient encore le Tonkin.

Il s'ensuivit une polémique violente qui dura un certain temps.

Les intrigues de la mission et la campagne menée à son instigation ne furent peut-être pas sans influence sur la carrière de ce fonctionnaire, qui ne revint plus dans l'administration de l'Indo-Chine.

Dans une autre province, le Résident ayant reçu, au cours de ses tournées administratives, des plaintes nombreuses contre certains chrétiens qui, au mépris des droits les plus éta-.

blis, s'étaient emparés, dans le cours des années précédentes, des biens communaux ou privés appartenant à des villages ou à des familles bouddhistes, il instruisait ces affaires. L'Evêque. reconnaissant les torts des chrétiens, mais suppliant le Résident de ne pas les condamner, au nom *« d'un « principe supérieur de paix et de tranquilité. Le jugement « va faire la traînée de poudre. De tous côtés vont surgir des « affaires semblables. »*

Le Résident poursuivit les affaires, n'obéissant qu'à son sentiment du devoir.

L'Evêque essaya d'agir sur le chef direct de ce Résident, pour obtenir qu'il ne donnât pas de suites aux plaintes dont il était saisi. L'Evêque représentait que les mesures prises par ce fonctionnaire, agent inconscient des mandarins, prétendait-il, revêtait le caractère d'une véritable persécution religieuse. *« Des arrestations en masse avaient été faites, « affirmait-il ; la prison provinciale regorgeait de chrétiens, « qui y étaient soumis aux pires tortures, la terreur régnait « dans toutes les chrétientés. Cette situation devait amener « les conséquences les plus graves. »*

Ces affirmations, si catégoriques, émurent le Résident supérieur, qui se rendit sur l'heure même à la prison. Il n'y trouva, parmi les détenus ordinaires, qu'une vingtaine de chrétiens des divers villages, qui, interrogés par le Résident supérieur lui-même, avouèrent leurs fautes et reconnurent l'exactitude des griefs pour lesquels ils avaient été arrêtés.

Aucun d'eux n'avait subi le plus léger mauvais traitement ; nul doute ne pouvait exister sur la mauvaise foi de la mission et la fausseté de ses déclarations.

La mission, se trouvant menacée dans ses intérêts, se décida à attaquer le représentant même du Gouvernement Français en Annam.

Au commencement de 1900, l'Evêque de Binh-Dinh fit le voyage de Hué pour se concerter avec son collègue. Ils décidèrent de rester dans la coulisse et, avec une habileté et une prudence ecclésiastiques, ils mirent en mouvement le Gouvernement Annamite.

L'application du programme politique et financier de M. Doumer, avait nécessité en Annam un remaniement considérable dans les attributions de la Cour. Le Résident supérieur assura le fonctionnement du nouveau régime et en profita pour faire exécuter de nombreuses réformes dans les institutions surannées du pays. Mais tout cela ne s'était pas fait sans provoquer, chez les gouvernants annamites, un sentiment de regret et un sourd mécontentement. Le prestige et l'autorité des grands mandarins avaient été diminués et une grosse atteinte portée à leurs intérêts personnels.

D'autre part, certains écarts de conduite du jeune Roi, avaient quelquefois obligé le Résident supérieur à intervenir et à faire acte d'autorité.

Les deux Evêques exploitèrent merveilleusement cette situation. Ils n'eurent pas de peine à représenter au Roi et aux Ministres que l'évolution politique, qui s'accentuait depuis trois ans, était uniquement due à l'initiative personnelle du Résident supérieur, que la plupart des mesures vexatoires étaient son œuvre propre, et que s'ils ne parvenaient pas à s'en débarrasser, celui-ci ne tarderait pas à absorber les pouvoirs du Roi et de la Cour. Les Evêques conseillèrent au Roi et aux Ministres, de se plaindre de l'administration de ce Résident supérieur au Gouverneur général.

Ils n'ignoraient pas que des dissentiments assez graves s'étaient produits à l'occasion du service, entre ces deux hauts fonctionnaires, et que, dans ces conditions, la plainte du Gouvernement Annamite serait probablement bien accueillie.

Dans un diner où assistaient le Roi, le premier Ministre et les deux Evêques, on arrêta les termes du mémoire, où le Roi exposait ses griefs et demandait le remplacement de M. Boulloche. Ce document, revêtu de la signature de tous les membres du " Comat", fut remis au Gouverneur général, de passage à Tourane, par une délégation de trois hauts mandarins venus pour le saluer.

Le Résident supérieur partit en congé régulier quelques temps après, mais la mission, inquiète des bruits qui circulaient de son prochain retour à Hué, mit une seconde fois le Gouvernement Annamite en mouvement, et lui conseilla de porter directement ses doléances au Président de la République et au Président du Conseil. Un second mémoire, toujours rédigé sur les conseils de la mission, fut confié aux grands mandarins envoyés en mission extraordinaire en France à l'occasion de l'Exposition de 1900, et remis solennellement au Chef de l'Etat, au cours de la réception qui leur fut accordée.

A son retour en Indo-Chine, ce Résident supérieur ne rejoignit pas son poste de Hué, mais fut placé à la tête d'une autre région de l'Indo-Chine.

***

Les Jésuites, écrit un fonctionnaire de la grande île, forment une puissance dangereuse qui, si l'on n'y prend garde, aura bientôt accaparé tout Madagascar.

Le Général Galliéni professe, m'a-t-on dit, la même aversion pour deux catégories de gens : les Francs-Maçons et les Jésuites, mais il préfère cependant, parait-il, ces derniers ; et les noirs fripouillards savent en profiter pour se faufiler par-, tout. Ils étaient parvenus à faire déplacer Pallu, conducteur des travaux publics, parce qu'il était Vénérable de la Loge de Tamatave.

Mais je m'aperçois que j'empiète, encore une fois, sur un domaine qui n'est pas le mien, et laisse la parole, sur ce point, à mon collègue Diagne, plus autorisé que moi pour vous mettre au courant des agissements des missionnaires à Madagascar. Il est inutile de multiplier les exemples. ceux-ci suffisent à faire comprendre, je crois, la manière de procéder des missionnaires.

On voit qu'ils appliquent aux fonctionnaires, dont le concours ne leur est pas entièrement assuré, le principe de l'Evangile : *Ceux qui ne sont pas avec moi sont contre moi.* »

Voyons maintenant comment ils usent de l'influence ainsi acquise, pour accroître à la fois le nombre de leurs fidèles et leurs ressources pécuniaires.

L'évangélisation

Parfois l'indigène résiste à la force, de l'exemple venu d'en haut, et à l'autorité de la parole de l'homme, que ménagent respectueusement tant de fonctionnaires.

Comment s'y prendra-t-on alors pour le convertir? Le mode d'évangélisation diffère, suivant qu'il s'agit des mission-

5

sionnaires eux-mêmes ou des anciens convertis, revêtus de la dignité ecclésiastique, qui secondent leurs pasteurs.

Les premiers ne sont plus aussi doux et aussi tolérants qu'au moment de leurs débuts apostoliques dans le pays.

L'occupation en règle de celui-ci et l'appui du nouveau pouvoir, leur permet de parler haut ; mais, cependant, ils ont plus volontiers recours à la persuasion qu'à la violence, vis-à-vis de leurs futurs catéchumènes. Protéger ceux qui consentent à se ranger sous la bannière du catholicisme, continue à être leur moyen favori de propagande. Peu leur importe, d'ailleurs, que cette protection soit ou non une injustice.

En Indo-Chine, les dernières répartitions de l'impôt sont faites par les mandarins ; ceux-ci, intimidés par les remontrances des missionnaires et désireux de se concilier les bonnes grâces de personnages si bien en cour auprès des autorités françaises locales, ne mettent que modérément à contribution la bourse des indigènes chrétiens.

Ceux qui ont eu l'imprudence de rester bouddhistes comblent le déficit.

Si ces mêmes bouddhistes ont un procès civil contre un des catéchumènes du missionnaire, celui-ci intervient encore. Au besoin, quand l'affaire se déroulera devant les juges, l'interprète dénaturera quelque peu les propos du plaideur païen, pour le plus grand profit de son adversaire chrétien. Pourquoi ? — Parce que toutes ses sympathies vont à ce dernier, qui professe le même culte que lui. Les interprètes sont, en effet, presque toujours catholiques.

Les missionnaires, nous l'avons vu, ne s'érigent pas volontiers en professeurs de français. Mais quand des circonstances indépendantes de leur volonté ont voulu qu'un indigène apprenne notre langue, ils s'empressent de le convertir, si ce n'est déjà chose faite, en prévoyance justement des services qu'il pourra rendre à leur cause dans l'exercice de ses fonctions.

Lorsque l'un de leurs néophites a maille à partir avec la justice, nouvelle intervention des missionnaires.

Quelquefois, ceux-ci interviennent en faveur de mécréants, si ces derniers consentent à abjurer leurs anciennes croyances. Citons comme exemple la lettre suivante :

† JÉSUS † MARIE † JOSEPH

Dong Lao, 20 Janvier 1898.

« Bien cher et très honoré Monsieur,

« Je n'ai pas l'honneur de vous connaître (!), c'est pourquoi
« j'hésite à vous écrire, car j'ai peur de commettre une indiscrétion
« en vous demandant un service très important, sans avoir d'autre
« titre, pour le faire, que celui de compatriote.

« Voici l'affaire dont il s'agit :

« Le village de Hieù, non loin de Cau-Dô, a été pris en flagrant
« délit, en fabriquant du vin annamite (choum-choum, alcool de riz).
« Une dizaine de familles de ce village demandent à suivre la
« religion, si je puis les tirer de cette mauvaise affaire.

« Il dépend de vous seul, cher Monsieur, d'arracher ces pauvres
« gens à leurs superstitions et d'en faire des chrétiens. Je vous en
« fais la proposition et vous y trouverez votre avantage, car une
« bonne œuvre ne reste jamais sans récompense.

« De mon côté, je ne puis rien pour vous, hélas ! mais le bon
« Dieu que je sers est tout puissant et a promis de rendre au
« centuple.

« Agréez, etc...

« *Signé :* L... † Miss. ap. ».

Quand une condamnation est prononcée, elle-même
devient un moyen de propagande.

Si le coupable est bouddhiste, le missionnaire, moyennant
une promesse de conversion, promet une diminution de peine.
S'il est catholique, l'obtention de sa grâce prouvera aux
fidèles qu'il est bon d'appartenir aux ouailles du Père.

La victime du délit pour lequel on avait prononcé la
condamnation, n'est naturellement pas toujours contente et
les journaux se font, parfois, l'écho de ces plaintes. C'est
ainsi que nous lisons dans le *Courrier de Haïphong*, du
mardi 8 Septembre 1907 :

Hung-Hoa. — On nous écrit : Il y a quelque temps, le *Courrier*
relatait que des coolies au service de M. Carette s'étaient enfuis en
emportant les avances en argent qui leur avaient été consenties.
Arrêtés, ils furent conduits devant le Résident de Hung-Hoa, juge
de paix à compétence étendue. Du haut de son siège présidentiel,
notre Résident réfléchit que le métier de tâcheron est pénible,
moins rémunérateur que celui d'administrateur et, en son âme et

conscience, jugeant les prévenus coupables, il résolut de faire un exemple, afin d'empêcher le retour de pareils faits. Les déserteurs furent condamnés à quatre mois de prison et vingt-cinq francs d'amende. Le plaignant se retira, en remerciant chaleureusement le bon juge, qui avait compris que toute tâche devenait impossible si on ne sévissait pas contre les ouvriers malhonnêtes, s'enfuyant avec les piastres quémandées comme première mise.

Tout était pour le mieux dans la meilleure des provinces, lorsque M. Carette eut la malencontreuse idée de se rendre à Yen-Bay. Là, sentant le souvenir de ses jeunes années s'éveiller en lui, il résolut, en compagnie de son associé, d'aller rendre visite au bon Père missionnaire du lieu, qu'il connaît depuis longtemps. Ce dernier, enchanté, offrit la bière, ce qui fut accepté d'enthousiasme, mais cet enthousiasme fut de courte durée, car M. Carette venait de reconnaître dans le serviteur du pasteur des âmes, l'un des fameux coolies condamnés à quatre mois de prison pour avoir confondu le tien et le mien. Plutôt estomaqué, l'ex-patron ne put que demander : « Comment, te voilà ? » L'honnête catholica cumule les fonctions de boy avec celles de sacristain ; il allume et éteint les cierges, sans doute pour rappeler à ses compatriotes chretiens que le Christ fut crucifie entre deux larrons.

Quelquefois, au lieu de la cupidité du plaideur ou de la peur du coupable, c'est l'ambition d'un fonctionnaire « *arriviste* » qu'exploitent les Pères. Témoin, cet extrait d'une lettre d'un Résident à un évèque :

« Si j'ai bien compris votre Grandeur, c'est là la solution de « son choix, et qui permettra, je le souhaite, d'amener X....., le « nouveau mandarin, à chercher un appui auprès du R. P. Y... et « peut-être même, solliciter le baptême.

« L'acquisition, quant à présent, ne sera pas extraordinaire-« ment bonne en elle-même ; mais elle peut être, dans ses effets, « utile à notre Gouvernement et à la mission ».

Le reproche que l'on peut adresser aux missionnaires, quant à leurs moyens de conversion, est donc de faire généralement appel à d'assez mauvais sentiments et de provoquer des injustices. Cela n'est pas grave. Mais en pensant à la manière dont leurs sous-ordres, les prêtres indigènes, entendent le prosélytisme, nous tombons dans l'odieux. Il arrive d'ailleurs, parfois, que les « *Pères* » prennent une part active aux actes de fanatisme barbare commis par les nouveaux apôtres.

En tous cas, ils ne les désavouent presque jamais.

Il y a quelques années, un même Résident dirigeait, en Annam, deux provinces : l'une, la plus grande, où était le chef-lieu et les grands mandarins ; l'autre, formant une sorte de satellite ayant une administration autonome, mais subordonnée, pour la direction générale, aux hautes autorités du chef-lieu.

Un différend s'éleva dans la province satellite entre une tribu Moï (montagnards sauvages), tributaires de l'Annam, et un catholique, tributaire de la charge de « Laï-Buon », commerçant privilégié, jouissant d'un caractère officiel pour les relations des mandarins avec les Moïs et les transactions de ces derniers avec les Annamites. La mission porta l'affaire devant le tribunal indigène, et, pour exercer une pression plus grande sur l'esprit des mandarins, demanda l'intervention de la Résidence.

L'examen établit nettement les torts du « Laï Buon » catholique, qui fut simplement débouté. Quelques temps après, la province satellite où ces faits s'étaient passés, était constituée en province indépendante, sous la direction d'un Résident ne relevant plus de celui du Binh-Dinh.

Profitant de ce changement de régime, la mission se résolut à obtenir, par ses propres moyens, la satisfaction que n'avait pu lui donner la justice régulière ; elle organisa une véritable expédition militaire, composée de catholiques et de serviteurs armés de fusils, et à la tête de laquelle furent placés deux jeunes missionnaires.

A la nuit, le village Moï fut cerné et attaqué. Après une courte lutte, les habitants, surpris et terrorisés par l'armement terrible de leurs adversaires, prirent la fuite, non sans laisser quelques prisonniers entre leurs mains. Ce fut un beau pillage. Les femmes et les enfants, dépouillés de tous leurs bijoux et habits précieux, enlevés dans les cases ; les buffles, les bœufs, les cochons, les volailles, les réserves de riz, volés, ainsi que tous les objets ayant quelque valeur.

Quand l'expédition repartit, ramenant avec elle son butin et les prisonniers, la cangue au cou, les Moïs, qui s'étaient ressaisis, assaillirent à leur tour, à coups de flèches, la bande qui les avait piratés et la mirent dans une situation critique.

Il était temps qu'un détachement de garde civile, commandé par un garde principal, envoyé à marches forcées, arriva sur les lieux pour les dégager.

Il se fit remettre les prisonniers, parmi lesquels se trouvait un blessé dont le crâne avait été ouvert d'un coup de sabre et que l'on obligeait à suivre le convoi des bons missionnaires, la cangue au cou et les bras ficelés derrière le dos, sans qu'aucun soin lui eut été donné, ni même la plus légère nourriture depuis quatre jours. Le garde principal qui commandait cette expédition, de qui je tiens ces renseignements, pourrait raconter d'une façon plus précise, les détails odieux de cette triste affaire.

Tous les jours, les colonnes de la presse tonkinoise « mal pensante ou même indifférente », sont remplis de faits analogues à celui que je viens de citer. Accusés de tous les crimes, les missionnaires font la sourde oreille, de peur que l'enquête n'établisse la preuve irréfutable de leurs délits.

Autre fait, dans le huyen de P. D..., la circonscription toute entière est soumise, depuis de longues années, à la domination d'un prêtre indigène. Son influence est établie d'une façon tellement absolue, qu'elle fait échec à l'autorité régulière.

Il y a quelques années, profitant d'un dissentiment survenu dans une famille bouddhiste aisée d'un village de cette région, un diacre, dont l'appui aurait été demandé par un des partis, vint s'établir dans le pavillon principal et commença à catéchiser les habitants qui l'avaient appelé, ainsi que ceux des maisons voisines. Le pavillon où il était installé était la plus belle partie de la maison et ne servait pas d'habitation parce que la famille y avait installé l'autel des ancêtres.

Les membres de la famille, qui n'entendaient nullement se convertir, ne pouvaient continuer les cérémonies rituelles de leur culte et souffraient de cette profanation.

Après avoir vainement tout essayé pour obtenir l'évacuation de la maison, les propriétaires s'avisèrent, une nuit, de monter sur la toiture qu'ils se mirent à frapper à coups de bambous, espérant ainsi faire peur au diacre et l'obliger à vider les lieux. Mais celui-ci épaula une carabine Winchester, tira sur un des hommes monté sur le toit et le tua net. Le missionnaire français se rendit sur les lieux à la suite de ce meurtre. Les parents du mort se prosternèrent à genoux devant lui, demandant justice.

Il les repoussa, et l'un d'eux s'étant accroché, suivant la coutume, à sa robe de cotonnade noire, la déchi. a légèrement. Le missionnaire se plaignit d'avoir été violenté et l'affaire se termina par la double condamnation du diacre à payer 25 piastres (140 francs envion) à la famille du défunt, et celle-ci à payer à son tour 25 piastres au missionnaire pour détérioration d'effet !

Ce jugement, rendant une sentence identique pour châtier le meurtre d'un bouddhiste par un diacre catholique et donner réparation d'un accroc involontaire à une mauvaise robe, d'une valeur d'une douzaine de francs, au plus, fut, dans le pays, la consécration définitive de l'intangibilité des agents de la mission.

Ces actes de brutalités, qui surprendraient chez des disciples du Christ, si l'on ne se rappelait le torrent de sang que, pendant des siècles, ont fait couler les chrétiens, peuvent être d'un caractère plus atroce encore et vraiment dignes de l'inquisition.

Il y a une douzaine d'années, le Résident d'une province du Delta eut à intervenir, à la demande de nouveaux convertis et des bouddhistes de la région, qui se trouvaient opprimés depuis longtemps déjà.

L'un d'eux, malgré les sollicitations dont il avait été l'objet, avait toujours refusé de changer de religion, mais fréquentait une maison où se trouvait une veuve catholique.

Un cathéchiste, parent de cette femme, et quelques chrétiens venus à son aide, cernèrent la maison pour le surprendre à sa sortie. Il parvint à fuir, mais ceux-ci le poursuivirent, l'assaillirent dans sa maison et le conduisirent triomphalement chez le principal notable catholique de l'endroit, sous l'inculpation de vol. On lui fit endurer toutes sortes de supplices et on termina en lui infligeant une torture sauvage.

On lui enveloppa les doigts et les mains de mèches trempées d'huile, et on y mit le feu. Les mains furent carbonisées, et il ne resta plus, à ce malheureux, que des moignons sanglants au bout des bras.

Sa femme porta plainte au mandarin, qui, redoutant des représailles de la part de la mission, s'abstint de juger. Trois ans plus tard, la plainte fut renouvelée sans plus de résultat. Enfin, l'autorité française s'émut à la suite de nouvelles plaintes, et procéda à une enquête, qui établit la réalité des faits.

Cette fois, justice fut rendue.

Rappelons que les missionnaires, quant ils ne participent pas eux-mêmes à ces attentats, comme dans le premier des trois derniers exemples précités, en sont d'ordinaire les instigateurs.

La douceur évangélique est leur moindre qualité. Et ce ne sont pas leurs supérieurs ecclésiastiques qui les en blâmeraient.

Monseigneur Puginier, évêque du Tonkin, n'a-t-il pas écrit que : « Dieu savait bien ce qu'il avait fait en laissant « pousser le rotin à côté de l'Annamite. »

Neus ne pouvons laisser passer sous silence un ordre de faits moins graves, mais peut-être plus stupéfiant encore.

Il s'agit de l'évangélisation des indigènes en Algérie. Chacun sait que si certains peuples, ceux d'Extrême-Orient par exemple. sont relativement sceptiques et tolérants en matière religieuse, les musulmans gardent, par contre, à ce point du vue, une attitude qu'on peut qualifier de farouche.

L'insurrection de 1871 est. en partie due, à d'imprudents froissements de leurs croyances. Or, voici comment, jusqu'à ces derniers jours, les Pères blancs évangélisaient ce pays où le plus élémentaire bons sens devrait interdir toute discussion relative au culte : Iis enseignaient *en pleine école, à leurs élèves mahométans, l'histoire sainte et le catéchisme!*

Et les autorités, en réponse aux protestations des parents, condamnait ceux-ci à 15 francs d'amende et 5 jours de prison, quand leurs enfants manquaient les cours. Le premier fonctionnaire, qui sévit dans ces conditions, est M. M......t, ancien administrateur de la commune mixte de Djurdjura.

M. M......t est, aujourd'hui, à la préfecture d'Alger, où il occupe les hautes fonctions de Secrétaire général, chargé des affaires indigènes de tout le Département. C'était donc grâce à la complicité des fonctionnaires, *qu'était imposé l'enseignement catholique obligatoire aux musulmans, menacés d'un châtiment corporel, la prison, en cas de rébellion.* On pourrait donner les noms de ces algériens qui, vivant si prè de la France et sous son drapeau, auraient pu croire à leur liberté de conscience.

Lorsque, du reste, les autorités ne prêtaient pas au clergé

l'appui de leurs forces, elles avaient du moins, toujours vis-à-vis de lui, l'attitude la plus propre à accroître son prestige.

Nous en trouvons un exemple dans certains détails de la tournée pastorale faite, il y a trois ans, en Kabylie, par l'Archevêque d'Alger.

Monseigneur Oury a fait le trajet de Michelet à l'immense chapelle de l'hôpital de St-Eugène, en voiture, Le représentant de l'église en Algérie avait, derrière son véhicule, sept cavaliers indigènes commandés par un Administrateur-adjoint et, aux portières, l'Administrateur de la commune mixte et un autre adjoint.

La journée s'est terminée par le confirmation de 75 musulmans, définitivement acquis au dogme chrétien.

Cette opération religieuse a eu lieu en grande pompe, en présence des représentants de la République, qui avaient précédemment escorté le carrosse, et de quelques Européens de Michelet.

Le grand libre-penseur, dont cette commune porte le nom, avait-il jamais prévu, dans son génie d'historien, le spectacle donné, en cette occasion, par les représentants d'un Gouvernement républicain.

Accroissement des biens temporels

Nous savons que si, lors de la conquête, il y a partage de terres et de butin, les missions se font la part belle. Voyons ensuite comment elles s'y prennent pour augmenter leurs biens et les faire valoir.

D'abord, partant de cet excellent principe commercial, qu'il n'y a pas de trop petits bénéfices, ils mettent en coupe réglée les croyances de leurs fidèles indigènes. Ceux-ci, si pauvres soient-ils, peuvent toujours acheter un chapelet ou un scapulaire. Aussi est-il commun, au Tonkin, de voir, dans les centres catholiques, les catholicas se promener dans les rues, leur chapelet au cou, ou bien le scapulaire de N.-D. du Mont-Carmel passé dans l'encolure, étale son image jaune et blanche sur les reins ou le ventre de l'Annamite, qui le porte indistinctement devant ou derrière.

Il ne faut pas non plus oublier les pénitences que les

RR. PP. infligent à leurs convertis, pour manquements aux devoirs religieux.

Le R. P. ne peut priver l'Annamite de sa nourriture, en l'obligeant à faire maigre.

L'indigène est un gourmet qui peut vivre avec deux sous par jour ; il ne peut lui interdire des plaisirs qui, à nous, sont chers ; ils lui sont ignorés là-bas. Il trouve bien plus simple de lui faire racheter ses fautes par de l'argent ou des dons en nature.

A côté du tribunal de la confession, le missionnaire en a parfois un autre où il siège également et non moins lucrativement.

Un exemple :

Le Père X... s'occupe, dans son district, d'affaires qui ne regardent que l'Administration. Il s'érige en juge, inflige, du haut de son tribunal improvisé, une amende, et pour nuire en haut lieu, au Résident qui veut rendre justice, il le dénonce pour avoir arrêté, illégalement, prétend-il, un catéchiste accusé de violences contre des bouddhistes.

Voici un extrait de la lettre que fut obligé d'écrire le Résident, pour se disculper des attaques du R. P. :

« Le père X... était un des familiers de la Résidence ; afin de
« lui faciliter sa tâche, j'affectais d'avoir avec lui les relations les
« plus amicales, lui apportant ainsi l'appoint, si important dans
« ce pays, de ses liens avec le représentant de l'Administration
« dans la région, etc... Lorsque mon prédécesseur me passa le
« service, il ne cessa d'appeler le père X... une canaille, un
« brigand, etc..., etc... et, malgré la situation difficile que s'était
« faite le père X..., en gardant, en quelque sorte sous séquestre,
« à la mission, quatre-vingts bœufs et buffles saisis dans un village,
« situation dont je ne pus le sortir qu'à grand peine, je ne crus pas
« devoir l'éloigner de la Résidence, et jusqu'à ce que vous m'ayez
« appris qu'il se plaignait de moi, je le comptais parmi mes
« meilleures relations. »

En outre de ces opérations, destinées à grossir leurs capitaux, les missions font fructifier ceux-ci de diverses manières.

Ils prêtent volontiers sur hypothèque et à des taux d'autant plus rémunérateurs que, par exemple, en Indo-Chine, l'argent peut légalement rapporter 36 % par an.

Telle est la limite de l'intérêt d'après les règles indigènes.

Ils font le commerce ouvertement, du moins à l'aide de prête-nom, et toujours avec habileté. Chaçun sait d'ailleurs que les ecclésiastiques, passés maîtres dans l'art de fabriquer certains produits de toilette ou de table (Bénédictine, Grande-Chartreuse, Eau dentifrice), excellent également à les vendre. Leur génie de négoce a pu, aux colonies, se donner libre cours.

Enfin, les autorités les secourent au Tonkin, le Protectorat s'est ingénié à leur venir en aide, et sa générosité à l'égard des RR. PP., ne s'est point, à l'heure actuelle, démentie.

C'est ainsi que, l'année dernière, lors de la construction d'un hôpital catholique à Ke-So, le Protectorat a jugé utile d'accorder une subvention de plusieurs milliers de piastres à cette œuvre de propagande catholique.

C'est ainsi qu'il accorde la gratuité du passage aux missionnaires qui, dans l'intérieur de la colonie, voyagent sur les chaloupes fluviales.

A signaler une autre marque de bienveillance de la part de l'Administration indo-chinoise.

On a vu, plus haut, l'importance des terrains acquis à vil prix ou gratuitement, dans Hanoï et Saïgon, au moment de la conquête, par la mission. Ajoutons qu'ils étaient encore, il y a peu de temps, exempts d'impôt.

Ces choses ne sont certes pas faites pour mériter aux missionnaires notre sympathie, non plus que notre pitié, malgré leur touchant vœu de pauvreté. Mais il n'y a pas là de quoi exciter l'indignation. Réservons celle-ci pour un autre ordre de faits, dont voici les principaux :

Sitôt que, par un moyen ou par un autre, elle a pris pied dans un village, achat, par exemple, d'une parcelle de terre où elle installe quelques chrétiens étrangers, elle exige leur inscription au rôle, afin de leur conférer droit de cité, la construction d'une chapelle avec le concours des bouddhistes du village, puis une part des biens communaux affectés à l'entretien des pagodes et aux cérémonies de leur culte, que l'on fait désaffecter pour assurer l'exercice du culte catholique.

Le catéchiste s'installe au moment voulu pour préparer de nouvelles conversions, provoque les conflits les plus divers, les querelles, les rixes et, quelquefois, de vraies batailles.

Ce n'est qu'au moment de ces conflits d'intérêts et de ces désordres que la religion chrétienne arrive à se propager.

Tous ceux qui ont une mauvaise affaire à plaider demandent l'intervention de la mission, qui ne l'accorde que dans le cas où ils deviennent ses néophytes.

C'est le moment pour elle d'intervenir auprès des pouvoirs publics. Elle crie à la persécution religieuse, se plaint des obstacles que les bouddhistes mettent à la propagation de la Foi, en essayant d'entraver son développement par des mesures vexatoires, les calomnies ou les violences contre leurs nouveaux convertis. Elle finit toujours par rester maîtresse de la place.

De guerre lasse, pour ne pas se laisser déposséder complètement, de nombreux bouddhistes achètent. en se faisant catholiques, le droit de conserver leurs biens. Les querelles, savamment préparées, entre villages chrétiens et villages bouddhistes, amènent le même résultat. Les fortunes particulières ne sont pas davantage à l'abri des tentatives des agents de la mission ; les veuves de chefs de familles riches, dont les enfants sont mineurs, sont surtout une proie facile et convoitée.

Telle est la puissance que nous avons laissée prendre à la mission que, bien souvent, les victimes de ces spoliations n'osent même pas se plaindre, ayant eu l'occasion de constater, dans maintes circonstances, que ceux-ci, plus osés. qui ont fait appel à la protection des lois, ont été entraînés dans de longs procès ruineux et qu'ils n'ont généralement réussi qu'à aggraver leurs pertes. A l'appui de cet exposé, nous pourrions produire des milliers de faits.

La situation financière des missions ne peut donc que contribuer à leur autorité morale. Et celle-ci ayant, en retour, le meilleur effet sur celle-là, toutes deux grandissent de jour en jour. Il y a quarante ans, leur influence politique était tres restreinte, leur fortune médiocre et les catholiques ne représentaient qu'une partie infime de la population annamite.

Depuis que la France a été amenée à intervenir dans ce pays, la mission est devenue une véritable puissance.

On peut affirmer, sans crainte d'exagération, que le nombre de ses adeptes a décuplé, et que sa richesse a plus que centuplé.

Mais la France profite-t-elle, au moins, de cet état de choses ? — Nous avons vu qu'elle n'avait rien à attendre des missionnaires en pays étranger.

Voyons s'ils la servent mieux dans nos colonies et pays de protectorat.

C'est le dernier point que nous examinerons.

Services rendus à la France.

Il est inutile de se demander si l'attitude des missionnaires est faite pour leur concilier les sympathies des indigènes. Si ceux que, dans un but de prosélytisme, ils protègent, leur en ont, peut-être, quelque reconnaissance, en revanche ceux aux dépens desquels s'exerce cette protection, leur en garde sûrement rancune. Et quant aux persécutions religieuses proprement dites, dont nous avons plus haut donné des exemples, on se demande avec effroi quel levain de révolte elles peuvent bien laisser au cœur des victimes.

Et celles-ci doivent englober, dans le même sentiment de haine, missionnaires et fonctionnaires qu'elles voient réunis, dans la même œuvre d'injustice !

Si les Peres ne font rien pour faire aimer la France des indigènes, leur apprennent-ils du moins le français, chose nécessaire pour la mise en valeur de nos possessions d'outre-mer ? — Cela, semble-t-il, va de soi. Du moment que l'instruction est laissée entre leurs mains, on pourrait croire qu'ils la donnent de façon conforme aux intérêts de la Métropole.

Il n'en est cependant rien.

Pas plus qu'à l'étranger, les missionnaires ne se soucient d'enseigner notre langue.

En Annam et au Tonkin,-ils s'en sont bien gardés. Les RR. PP. parlent couramment l'annamite ; ainsi est-ce dans cette langue seule qu'ils s'adressent à leurs néophytes.

Des représentations ont été adressées aux missionnaires. On leur a demandé compte de cet enseignement et de la subvention de 45.000 francs qu'ils recevaient depuis plus de vingt-cinq ans pour le donner, soit : 45.000 $\times$ 25 = un million 125.000 francs.

Ce fut Monseigneur Massard, évêque de Saïgon, qui répondit en leur nom par la lettre suivante, adressée au Conseil colonial de la Cochinchine :

Saïgon, le 13 Octobre 1902.

Monseigneur Massard, évêque de Saïgon,
à Monsieur le Président du Conseil Colonial.

« Monsieur le Président,
« Messieurs les Conseillers coloniaux,

« Il est fait un grief à la mission de Saïgon, de ne pas enseigner « aux enfants qui fréquentent ses écoles dans l'intérieur, la langue « française, conformément aux desiderata de l'Administration et « du Conseil Colonial, et de ne pas rendre ainsi les services qui « sont la conséquence de la subvention accordée à la mission.

« J'estime que l'enseignement du français à de jeunes enfants, « dont beaucoup quittent l'école à douze ans et dont l'avenir est de « rester attachés au sol, constitue un danger et une inutilité pour « le plus grand nombre.

« J'ai donc l'honneur de vous faire connaître que si cet ensei-« gnement doit être impératif pour toutes nos écoles de l'intérieur, « je ne puis en assumer la responsabilité. En conséquence, je « renonce au bénéfice de la subvention accordée jusqu'ici à la « mission, sous ce titre :

« *Subvention aux Ecoles de la Mission dans la Colonie et* « *prime pour l'enseignement du français.*

« Veuillez agréer, Monsieur le Président, l'assurance de ma « parfaite considération.

« *Signé :* L. MASSARD,
« † Evêque, Vicaire apostolique. »

Nous sommes fixé. Ce n'est pas aux missionnaires que nous devons d'avoir acquis nos possessions d'outre-mer. Ce n'est pas davantage à eux que nous devons de les conserver et de les mettre en valeur. Loin de là.

CONCLUSIONS

Ni à l'étranger, ni dans nos colonies et pays de protectorat, les missionnaires ne servent la France et la civilisation.

Ils les desservent plutôt.

Quant à leurs agissements politiques et à la nature de leur enseignement, ce sont ceux-là même qui, en France, viennent d'obliger les républicains à mettre le holà.

Seulement, les conséquences en sont plus graves encore, là-bas qu'ici.

En Europe, les peuples savent ce que vaut l'aune des prêches. Aux colonies, ils n'ont pas une expérience de vingt siècles pour discuter les dogmes auxquels on veut les asservir. Dans maintes régions africaines ou asiatiques, les prêtres ont le bonheur de catéchiser des foules intellectuellement pareilles à celles de l'obscur moyen-âge; cet âge d'or de la religion et des religieux.

Si donc, nous avons le souci des nations neuves qui nous confient leurs destinées, c'est par elles qu'on aurait dû commencer, quand il s'est agi de laïciser et de dissoudre certains ordres.

Mais on ne l'a pas fait.

Au contraire !

Maintenant que nous avons mis chez nous une borne aux abus de l'apostolat catholique, nous continuons à les souffrir dans nos possessions d'outre-mer.

Et nous leur y prêtons l'appui de nos subventions !

En France, le peuple commence à respirer plus librement; le temps des madones et des saints expédits, s'enfonce peu à peu dans les brouillards du passé. Il faut des terres nouvelles pour reposer les dieux dans leur ballade commerciale.

L'article a cessé de plaire en Europe; les commis-voyageurs de Bernadette et autres hystériques du dogme, ont recours à d'autres clients. Le blanc ne mord plus; au tour du jaune et du noir. Ils exploitent les colonies.

La Métropole doit avoir conscience des modifications survenues depuis un siècle. Nos hommes d'Etat ont vu qu'il fallait, à tout prix, sous peine, sinon de disparaître, du moins de s'amoindrir considérablement, trouver des débouchés nouveaux.

Ils nous ont donné l'Algérie, la Tunisie, le Tonkin, le Dahomey, Madagascar, et partout où nos armées victorieuses ont planté le drapeau tricolore, la Franc-Maçonnerie est aussitôt venu commencer le relèvement moral des peuples conquis, et revendique aujourd'hui hautement l'application aux colonies des lois reconnues nécessaires dans la Métropole.

Chaque préjugé détruit, chaque abus vaincu, chaque intelligence ouverte à la vérité et à la conception philosophique, marquent nos victoires maçonniques.

C'est pourquoi je salue avec orgueil l'œuvre pleine de courage entreprise par les Francs-Maçons coloniaux, avec lesquels j'ai lutté dans ce but, pendant vingt-cinq ans, en Indo-Chine, et leur adresse à tous, dans cette pensée, mon salut fraternel par delà les mers.

Vive la République !

Vive la Franc-Maçonnerie !

F∴ Van Raveschot (30e∴).

Cc-12 - Imp I. Compi gne, 6, rue de Maîtris Paris

Documents manquants (pages, cahiers .)
NF Z 43-120-13